भारती
व्याकरण प्रदीपिका
(प्रश्नोत्तर रूप में)

भारती

व्याकरण प्रदीपिका

(प्रश्नोत्तर रूप में)

डॉ. एच. परमेश्वरन

वाणी प्रकाशन

डॉ. एच. परमेश्वरन
राष्ट्रभाषा संस्थान
पुत्तन स्ट्रीट, तिरुवनन्तपुरम्
के सहयोग से

वाणी प्रकाशन

4695, 21-ए, दरियागंज, नयी दिल्ली 110 002

फ़ोन : +91 11 23273167 फ़ैक्स : +91 11 23275710

शाखाएँ

अशोक राजपथ, पटना 800 004, बिहार

कॉफ़ी हाउस कैम्पस, महात्मा गांधी मार्ग, इलाहाबाद 211 001, उत्तर प्रदेश

महात्मा गांधी अन्तरराष्ट्रीय हिन्दी विश्वविद्यालय, वर्धा 442 001, महाराष्ट्र

www.vaniprakashan.com
marketing@vaniprakashan.in
sales@vaniprakashan.in

Bharti : Vyakaran Pradeepika
by Dr. H. Parameswaran

ISBN : 978-93-89563-29-0

प्रथम संस्करण 2022

मूल्य : ₹ 55

आर.के. ऑफ़सेट, शाहदरा, दिल्ली-110 032 में मुद्रित

वाणी प्रकाशन का लोगो मक़बूल फ़िदा हुसेन की कूची से

अपनी ओर से

दक्षिण भारत हिन्दी प्रचार सभा, मद्रास की उच्चपरीक्षाओं में तथा हिन्दी को अन्य भाषा के रूप में लेकर बी.ए. एवं बी.एससी. परीक्षाओं में बैठने वाले छात्रों की सहायता के लिए भारती व्याकरण प्रदीपिका प्रस्तुत है। हिन्दी व्याकरण को सरल बनाने के लिए प्रश्नोत्तर रूप में इसे तैयार किया गया है।

साथ ही, इस पुस्तक में आधुनिक हिन्दी भाषा की प्रकृति के अनुसार व्याकरण की नयी प्रवृत्तियों को भी जोड़ने का प्रयास किया गया है।

आशा है, इस लघु पुस्तक से हिन्दी के अध्यापक एवं छात्र लाभान्वित होंगे।

—लेखक

भारती व्याकरण

1. व्याकरण का उद्देश्य क्या है?

भाषा वह साधन है जिसके द्वारा मनुष्य आपस में विचार-विनिमय करता है। भाषा मानव के लिए ईश्वर की सबसे बड़ी देन है। हजारों वर्षों से मनुष्य भाषा का व्यवहार करता आ रहा है। देश-भेद और काल-भेदइ से भाषा में परिवर्तन होना स्वाभाविक है। कहा भी गया है, ''भाषा बहता नीर।''

व्याकरण का कार्य भाषा के शुद्ध रूपों और शुद्ध प्रयोगों का विधान करना है। दूसरे शब्दों में, व्याकरण की सहायता से हम विवेचन कर सकते हैं कि शुद्ध और शिष्ट भाषा क्या है। व्याकरण भाषा के लिए बना है, भाषा से बना है अर्थात् पहले भाषा बनी और पीछे उसका व्याकरण बना।

व्याकरण भाषा के शुद्ध विकसित प्रयोगों का नियम देता है; लेकिन कालान्त में भाषा विकसित होती है, उसके स्वरूप में परिवर्तन होता है, तदनुसार व्याकरण के नियम भी नये रूप लेते हैं।

2. व्याकरण के विभागों का परिचय दीजिए।

प्रारम्भ में भाषा वाक्य-रूप से ही पैदा हुई। क्योंकि वाक्या ही भाषा की इकाई (unit) है। आगे चलकर वाक्यों का खण्ड करके शब्द बनाये गये। इन शब्दों का पुनः खण्ड किया गया और वर्णों का निर्धारण हुआ। यही भाषा के अध्ययन का क्रम रहा और इस आधार पर व्याकरण के तीन विभाग हैं :- वाक्य विचार, शब्द विचार और वर्ण विचार अध्ययन की सुविधा के लिए हम पहले वर्ण विचर पढ़ेंगे और उसके बाद शब्द विचार और फिर वाक्य विचार।

वर्ण विचार

3. 'वर्ण' से क्या तात्पर्य है? उसके कितने भेद हैं?

मानव वाग्यंत्र से निकलने वाली ध्वनियों से भाषा बनती है। ऐसी मूल ध्वनि अथवा उसके चिह्न को <u>वर्ण</u> कहते हैं।

वर्ण के दो भेद हैं–स्वर और व्यंजन। वाग्यन्त्र से निकलने वाली हवा निर्बाध रूप से जब निकल जाती है तब स्वर वर्ण (Vowels) बनते हैं। हिन्दी में ग्यारह (11) स्वर वर्ण हैं।

अ आ इ ई उ ऊ ऋ

ए ऐ ओ औ

वाग्यन्त्र से निकलने वाली हवा जरा रुकावट के साथ निकलती है तो व्यंजन (consonants) बनते हैं। हिन्दी में तैंतीस (33) व्यंजन वर्ण हैं।

क ख ग घ ङ–कवर्ग

च छ ज झ ञ–चवर्ग

ट ठ ड ढ ण–टवर्ग

त थ द ध न – तवर्ग

प फ ब भ म–पवर्ग

य र ल व

श ष स ह

भाषा में प्रयुक्त होने वाले स्वरों और व्यंजनों के समूह को वर्ण माला कहते हैं।

4. 'हल्' से आप क्या समझते हैं?

व्यंजनों के उच्चारण में स्वर सहायक होते हैं। साधारण रूप से स्वर मिलाकर ही व्यंजनों का उच्चारण होता है। उदाहरण के लिए, 'कला' शब्द में 'क् अ ल् आ' चार वर्ण हैं। 'क्' और 'अ' मिलकर 'क' बनता है। 'क' में से 'अ' को निकालने पर जो 'क्' रहता है, यही हल है। सभी व्यंजनों के हल् बन सकते हैं।

उदाहरण च् त् प् व् य्

5. स्वर कितने प्रकार के होते हैं?

क) व्युत्पत्ति (बनावट) के अनुसार स्वरों के दो भेद हैं–मूल स्वर और सन्धि स्वर है।

(i) जो स्वर किसी दूसरे स्वर से नहीं बनते उन्हें मूल स्वर कहते हैं। अ इ उ ऋ मूल स्वर हैं।

(ii) जो स्वर मूल स्वरों के मेल से बनते हैं उन्हें सन्धि स्वर कहते हैं। एक ही मूल स्वर दो बार आकर दीर्घ स्वर बनता है और भिन्न-भिन्न मूल स्वरों के मिलने से संयुक्त स्वर बनता है। आ ई ऊ दीर्घ स्वर हैं और ए ऐ ओ औ संयुक्त स्वर।

स्वर

- मूल स्वर — अ इ उ ऋ
- सन्धि — सन्धि स्वर
  - दीर्घ स्वर — आ इ उ
  - संयुक्त स्वर — ए ऐ ओ औ

ख) एक एम मूल स्वर के उच्चारण में एक निश्चित समय लगता है। उस समय के परिणाम को एक मात्रा कहते हैं। मात्रा के अनुसार स्वरों के तीन प्रकार होते हैं–लघु, गुरु और प्लुत।

मूल स्वरों के उच्चारण में एक मात्रा का समय लगता है; उन्हें 'लघु स्वर' कहते हैं। सन्धि स्वरों के उच्चारण में दो मात्राओं का समय लगता है; उन्हें 'गुरु स्वर' कहते हैं। किसी को बुलाते समय अन्तिम स्वर का लम्बा उच्चारण करते हैं। इसी प्रकार हर्ष, शोक, आश्चर्य आदि मनोभावों को प्रकट करने वाले शब्दों में स्वरों की दो से अधिक मात्राएँ लगती हैं। ऐसे लम्बे स्वरों को 'प्लुत स्वर' कहते हैं।

उदाहरण–अरे लड़के...सज्जनों...और देवियों..., वा...ह, हाय रे..., बाप रे...अब!

6. व्यंजन कितने प्रकार के होते हैं?

व्यंजन तीन प्रकार के होते हैं–स्पर्श, अन्तस्थ और ऊष्म।
कवर्ग, चवर्ग, टवर्ग, तवर्ग और पवर्ग के व्यंजन स्पर्श है। य र ल व अन्तस्थ व्यंजन है और श ष स ह ऊष्म व्यंजन।

7. ड़ और ढ़ की क्या विशेषता है?

हिन्दी की अपनी दो विशेष ध्वनियाँ हैं–ड़ और ढ़।

किसी भी पद के आरम्भ में या ण् के बाद ड ढ का उच्चारण होता है। जैसे–

ड़मरू, डाली,

ढाल, ढोलक

पद के मध्य ड ढ का उच्चारण थोड़ा छीला होता है इसी को सूचित करने के लिए नीचे बिन्दी दी जाती है। जैसे– बड़ा, लड़का

पढ़ाई, चढ़ना

8. संयुक्ताक्षर कैसे बनता है?

जब दो व्यंजनों के बीच स्वर नहीं होता तब वे दोनों व्यंजन संयुक्त हो जाते हैं। यही संयुक्ताक्षर है।

उदाहरण–क्त, स्प, श्क, न्त

कभी-कभी तीन या चार व्यंजनों का संयोग होता है।

उदाहरण–स्वास्थ्य, सन्ध्या, वर्त्स्य

9. द्वित्व से क्या मतलब है?

एक ही व्यंजन का संयुक्त रूप द्वित्व कहलाता है।

उदाहरण–क्क, च्च, म्म, न्न, ल्ल

10. उच्चारण स्थान किसे कहते हैं? उच्चारण स्थान के अनुसार वर्गों का वर्गीकरण कीजिए।

वर्णों का उच्चारण करते समय जीभ, होंठ आदि उच्चारण अवयव, मुख के भिन्न-भिन्न भागों को स्पर्श करते हैं। ये भाग ही उन वर्णों के उच्चारण स्थान है। कण्ठ (Velum), तालु (Palate), मूर्धा (Verebrum), दन्त (Teeth), ओष्ठ (Lips) नासिका (Nose) ये सब उच्चारण-स्थान हैं।

उच्चारण-स्थान के आधा पर वर्णों के नौ भेद हैं।

1. कण्ठय – अ, आ, कवर्ग, ह्
2. तालव्य – इ, ई, चवर्ग, य, श
3. मूर्धन्य – ऋ, टवर्ग, र, ष
4. दन्त्य – तवर्ग, ल, स
5. ओष्ठय – उ, ऊ, पवर्ग
6. अनुनासिक – ङ, ञ, ण, न, स
7. कण्ठ तालव्य – ए, ऐ

8. कण्ठोष्ठय — ओ, औ

9. दन्तोष्ठय — व

11. उच्चारण-प्रयत्न क्या है? प्रयत्न के आधार पर वर्णों का वर्गीकरण कीजिए।

वर्णों का उच्चारण करते समय वाग्यन्त्र में जो कम्पन होता है और श्वास में जो गति होती है उन्हें प्रयत्न कहते हैं।

वाग्यन्त्र के कम्पन के अनुयार वर्णों के दो भेद हैं—घोष और अघोष। कुछ वर्णों के उच्चारण में वाग्यन्त्र में अधिक कम्पन होता है और इससे गुंजन उत्पन्न होता है। ये घोष वर्ण हैं शेष वर्णों में यह गुंजन नहीं होता। वे अघोष वर्ण हैं।

घोष (Vioced)	**अघोष (Vo.celess)**
स्वर—'अ' से 'औ' तक	—
ग घ ङ	क ख
ज झ ञ	च छ
ड ढ ण	ट ठ
द ध न	त थ
ब भ म	प फ
य र ल व	—
ह	श ष स

श्वास की गति के अनुसार वर्णों के दो भेद हैं—अल्पप्राण और महाप्राण। कुछ वर्णों के उच्चारण में श्वास की गति बहुत तीव्र होती है उन्हें महाप्राण कहते हैं। शेष वर्ण अल्पप्राण हैं।

महाप्राण (Aspirated)	**अल्पप्राण (Unaspirated)**
—	स्वर—'अ' स 'औ' तक
ख घ	क ग ङ
छ झ	च ज ञ
ठ ढ	ट ड ण
थ ध	त द न
फ भ	प ब म
—	य र ल व
श ष स ह	—

12. हिन्दी में प्रचलित अन्य भाषाओं की ध्वनियाँ कौन-कौन हैं?

प्रचार और आवश्यकता के अनुसार हिन्दी में अरबी-फारसी, अंग्रेजी आदि भाषाओं के शब्द तत्सम या तद्भव रूप में प्रचलित हैं। ऐसे शब्दों में सम्बन्धित भाषाओं की विशेष ध्वनियाँ पायी जाती हैं, जो हिन्दी भाषा में विद्यमान् नहीं है। हिन्दी व्यंजनों व स्वरों में बिन्दी या और कोई चिह्न लगाकर इन ध्वनियों को अंकित किया जाता है। ऐसी ध्वनियाँ नीचे दी जाती हैं।

ऑ – अंग्रेजी 'O'

क़ ख़ ग़ – क ख ग का थोड़ा पश्च स्पर्श

ज़ – Z

फ़ – F

13. 'सन्धि' की परिभाषा देकर उसके प्रकारों का परिचय दीजिए।

दो वर्णों के मेल में जो विकार होता है उसे सन्धि कहते हैं। संस्कृत भाषा की व्यवस्था के अनुसार सन्धि के तीन प्रकार हैं–स्वर सन्धि, व्यंजन सन्धि और विसर्ग सन्धि।

1. स्वर सन्धि

नाग + अर्जुन – नागार्जुन (अ + अ = आ)
कवि + इन्द्र – कवीन्द्र (इ + इ = ई)
देव + ईश – देवेश (अ + ई = ए)
पर + उपकार – परोपकार (अ + उ = ओ)
तथा + एव – तथैव (आ + ए = ऐ)
इति + आदि – इत्यादि (इ + आ = या)
धातु + अर्थ – धात्वर्थ (उ + अ = व)

2. व्यंजन सन्धि

वार्क + यन्त्र – वाग्यन्त्र
जगत् + नाथ – जगन्नाथ
उत् + लास – उल्लास
षट् + मुख – षण्मुख
भगवत् + भक्ति – भगवद्भक्ति
सत् + चित् + आनन्द – सच्चिदानन्द

3. विसर्ग सन्धि

मनः	+	रम	– मनोरम
अन्तः	+	ज्योति	– अन्तर्ज्योति
दुः	+	साहस	– दुस्साहस
निः	+	कलंक	– निष्कलंक
निः	+	रोग	– नीरोग
अतः	+	एव	– अतएव

14. हिन्दी भाषा की व्यवस्था के अनुसार सन्धि के कितने भेद हैं? सामान्य परिचय दीजिए।

संस्कृत के शब्दों में उस भाषा की व्यवस्था के अनुसार जो सन्धि नियम चलते हैं, हमने ऊपर दिखा दिया है। ये नियम हिन्दी में पूर्ण रूप से लागू नहीं होते। आधुनिक वैयाकरणों ने हिन्दी भाषा की अपनी सन्धियों की ओर संकेत किया है। इनमें से कुछ सन्धियाँ केवल उच्चरित रूप में रहती हैं और कुछ लिखित रूप में चलती हैं।

उच्चरित सन्धियों के कुछ नमूने नीचे दिये जाते हैं।

डाक	+	घर	– डाकघर
पहुँच	+	जाओ	– पहुँज्जाओ
धूप	+	बत्ती	– धूब्बत्ती
नाग	+	पुर	– नागपुर
बद्	+	तमीज़	– बत्तमीज़
लेख	+	पाल	– लेक्पाल
हाथ	+	पाँव	– हात्पाँव
बात	+	चीत	– बाच्चीत
आध	+	सेर	–आस्सेर

लिखित रूप में पायी जाने वाली कुछ सन्धियाँ नीचे दी जाती हैं।

अब	+	ही	– अभी
इस	+	ही	– इसी
यहाँ	+	ही	– यहीं
खाट	+	इया	– खटिया
काठ	+	पुतली	– कठपुतली

भीख	+	आरी	– भिखारी
देवी	+	याँ	– देवियाँ
खेल	+	आड़ी	– खिलाड़ी
दो	+	गुना	– दुगुना
सोना	+	आर	– सुनार

15. संयुक्ताक्षर और सन्धि में क्या अन्तर हैं?

सन्धि में दो वर्णों के मिलने पर उनमें विकार या परिवर्तन होता है, लेकिन संयुक्ताक्षर में ऐसा नहीं होता।

उदाहरण–पद + उन्नति – पदोन्नति (अ + उ = ओ)
जगत् + जननी – जगज्जननी (त्+ज=ज्ज) सन्धि

विश्वास (श् + व = श्व)
काव्य (व्+य = व्य) संयुक्ताक्षर

शब्द विचार

16. शब्द किसे कहते हैं?

ध्वनियों का सार्थक समूह शब्द कहलाता है।

उदाहरण—शेर, कुरसी, लम्बा, कौन।

17. बनावट के अनुसार शब्दों के कितने भेद हैं?

बनावट की दृष्टि से शब्दों के तीन भेद हैं—रूढ, यौगिक और योगरूढ

जो शब्द किसी दूसरे शब्द से नहीं बनता उसे रूढ शब्द कहते हैं।

उदाहरण—बैल, पेड़, गाड़ी।

दो या दो से अधिक शब्द या शब्दांशों के मेल से बनने वाला शब्द यौगिक शब्द है।

उदाहरण—विद्या+ आलय = विद्यालय
पर + उपकार = परोपकार
लड़का +पन = लड़कपन

कुछ शब्द ऐसे होते हैं जो शब्दों या शब्दांशों के मेल से बनते हैं, लेकिन किसी विशेष अर्थ को प्रकट करते हैं उनको योगरूढ़ शब्द कहते हैं।

अंबु + ज = अंबुज (कमल)
अंग + रखा = अंगरखा (विशेष प्रकार का कुरता)

18. रूपान्तर की दृष्टि से शब्दों के कितने भेद हैं?

रूपान्तर की दृष्टि से शब्द के दो भेद हैं—

विकारी शब्द और अविकारी शब्द

कुछ शब्दों में लिंग, वचन, कारक और पुरुष के कारण रूप-परिवर्तन होता है। ऐसे शब्दों को विकारी शब्द कहते हैं।

लड़का – लड़की। बड़ा – बड़ी। (लिंग)
बात – बातें। लंबा – लंबे। (वचन)

कमरा – कमरे में। आँखें – आँखों में। (कारक)
आएगा – आऊँगा। रहेगा – रहोगे। (पुरुष)

कुछ शब्दों में लिंग, वचन, कारक और पुरुष के कारण रूप-परिवर्तन नहीं होता। ऐसे शब्दों को अविकारी शब्द या अव्यय कहते हैं।

उदाहरण– वहाँ, अभी। अन्दर, ऊपर। और या। वाह, ओह।

विकारी और अविकारी शब्दों के फिर चार-चार भेद हैं–

	विकारी शब्द		अविकारी शब्द
संज्ञा	(Noun)	क्रिया विशेषण	(Adverb)
सर्वनाम	(Pronoun)	सम्बन्ध बोधक	(Post-position)
विशेषण	(Adjective)	समुच्चय बोधक	(Conjunction)
क्रिया	(Verb)	विस्मयादि बोधक	(Interjection)

संज्ञा (Noun)

19. संज्ञा की परिभाषा देकर उसके भेदों को उदाहरण सहित समझाइए।

किसी व्यक्ति, वस्तु, स्थान या भाव के नाम को सूचित करने वाले विकारी शब्द को संज्ञा कहते हैं।

मुख्य रूप से संज्ञा के तीन भेद हैं–

(1) व्यक्तिवाचक	(2) जातिवाचक	(3) भाववाचक
(Proper Noun)	(Common Noun)	(Abstract Noun)

व्यक्तिवाचक संज्ञा किसी विशेष व्यक्ति, वस्तु या स्थान के नाम को सूचित करती है।

उदाहरण–रामदास, कुरसी, नागपुर

जातिवाचक संज्ञा से एक जाति के समस्त प्राणियों या वस्तुओं का बोध होता है।

उदाहरण–मुनष्य, जानवर, चिड़िया, ग्राम

भाववाचक संज्ञा द्वारा किसी भाव, गुण, स्थिति या व्यापार (Action) का बोध होता है।

उदाहरण–आनन्द, भलाई, बुढ़ापा, नाच

संज्ञा

व्यक्तिवाचक | जातिवाचक | भाववाचक

20. भाववाचक संज्ञाएँ कैसे बनती हैं?

जातिवाचक संज्ञा, सर्वनाम, विशेषण और क्रिया से भाववाचक संज्ञाएँ बनती हैं।

उदाहरण		
मित्र – मित्रता बच्चा – बचपन		जातिवाचक संज्ञा से
(संस्कृत) मम – ममता अपना – अपनापन		सर्वनाम से
मीठा – मिठास लम्बा – लम्बाई		विशेषण से
लिखना – लिखावट दौड़ना – दौड़		क्रिया से

21. निम्नलिखित शब्दों के भाववाचक रूप लिखिए।

बच्चा, युवक, स्त्री, पुरुष, पण्डित, कायर, बड़ा, गोरा, सफेद, काला, ठण्डा, गरम, मोटा, चढ़ना, मारना, नाचना, लिखना, लड़ना, सुन्दर, छोटा।

बच्चा – बचपन	ठण्डा – ठण्डक
युवक – युवत्व	गरम – गरमी
स्त्री – स्त्रीत्व	मोटा – मुटापा
पुरुष – पुरुषत्व	चढ़ना – चढ़ाई
पंडित – पांडित्य	मारना – मार
कायर – कायरता	नाचना – नाच
बड़ा – बड़प्पन	लिखना – लिखावट
	लड़ना – लड़ाई
सफेद – सफेदी	सुन्दर– सुन्दरता
काला – कालापन	छोटा – छुटपन

22. 'लिंग' से तात्पर्य क्या है? उसके कितने भेद हैं?

लिंग संज्ञा की जाति जानी जाती है। हिन्दी में दो ही लिंग हैं। पुल्लिग और स्त्रीलिंग।

पुरुष जाति का बोध कराने वाले शब्द पुल्लिग शब्द होते हैं और स्त्री जाति का बोध कराने वाले स्त्रीलिंग। अप्राणिवाचक संज्ञाएँ या तो पुल्लिंग हाते हैं या स्त्रीलिंग।

23. लिंग निर्णय के समान्य नियम बताइए।

हिन्दी में साधारण रूप से घर, फूल आदि अकारान्त संज्ञाएँ और कमरा, चरखा आदि आकारान्त संज्ञाएँ पुल्लिग होती हैं। रोटी, कुरसी आदि इकारान्त संज्ञाएँ स्त्रीलिंग होती हैं। किन्तु इसके कई अपवाद (Exceptions) भी होते हैं। इनकी जानकारी अभ्यास से ही प्राप्त हो सकती है।

फिर भी निर्णय के कुछ सिद्धान्त निर्धारित हैं।

अ) निम्नलिखित शब्द समूह पुल्लिग माने गये हैं।

1. पुरुष जाति के प्राणिवाचक शब्द — बैल, कुत्ता
2. व्यवसायसूचक नाम — धोबी, सुनार
3. ग्रहों के नाम — मंगल, चन्द्र
4. महीनों के नाम — चैत्र, कार्तिक
5. वारों के नाम — बुधवार, शनिवार
6. धातुओं के नाम — सोना, ताँबा
7. रत्नों के नाम — मोती, माणिक
8. वृक्षों के नाम — नारियल, आम
9. अनाजों के नाम — चावल, गेहूँ
10. पर्वतों के नाम — हिमालय, विन्ध्य
11. त्व, पा, पन, में अन्त होने वाले शब्द — गुरुत्व, बुढ़ापा, बचपन

आ) निम्नलिखित प्रकार के शब्द स्त्रीलिंग हैं–

1. नदियों के नाम — गंगा, पंपा
2. तिथियों के नाम — तृतीया, पंचमी
3. नक्षत्रों मे नाम — रोहिणी, रेवती

4. भाषाओं के नाम — पंजाबी, मलयालम
5. तकारान्त और सकारान्त — बात, रात, साँस
6. संस्कृत के आकारान्त शब्द — माला, लता
7. तो, हट, वट में अन्त होने वाले शब्द — विशेषता, ल्लिाहट

24. शब्दों का लिंग परिवर्तन कैसे होता है?

क) कुछ शब्दों के अन्त में प्रत्यय लगाकर उनका स्त्रीलिंग रूप बनाया जाता है।

1. अकारान्त और आकारान्त शब्दों के अन्त में 'ई' लगाते हैं।

देव — देवी। बकरा — बकरी।
हरिण — हरिणी। दादा — दादी।

2. व्यवसाय-सूचक शब्दों के अन्त में 'इन' लगाते हैं।

सुनार — सुनारिन। तेली — तेलिन।
चमार — चमारिन। जुलाहा— जुलाहिन।

3. बन्धुत्व-सूचक और वर्णवाचक शब्दों के साथ 'आनी' लगाते हैं।

जेठ — जेठानी। सेठ — सेठानी।
देवर — देवरानी। नौकर — नौकरानी।

4. जाति और उपनाम-सूचक शब्दों में 'आइन' लगाते हैं।

ठाकुर — ठाकुराइन। पाण्डे — पण्डाइन।
लाला — ललाइन। चौधरी — चौधराइन।

5. प्राणि-वाचक शब्दों के अन्त में बहुधा 'नी' लगता है।

शेर — शेरनी। हाथी — हथिनी।
मोर — मोरनी। बाघ — बघिनी।

6. कुछ प्राणिवाचक और ऊनवाचक शब्दों के अन्त 'इया' प्रत्यय लगता है।

कुत्ता — कुतिया। बन्दर — बन्दरिया।
चूहा — चूहिया। लोटा — लुटिया।
खाट — खटिया। डिब्बा— डिबिया।

7. संस्कृत शब्दों के स्त्रीलिंग रूप संस्कृत भाषा के नियमानुसार बनते हैं।

अध्यापक – अध्यापिका। सम्राट् – सम्राज्ञी।

गायक – गायिका। विद्वान – विदुषी।

सभापति – सभानेत्री। स्वामी – स्वामिनी।

कवि – कवयित्री। विद्यार्थी – विद्यार्थिनी।

ख) कुछ पुल्लिग शब्दों के स्त्रीलिंग रूप बिल्कुल भिन्न शब्दों से बनते हैं।

पुरुष –स्त्री। पिता – माता।

बैल – गाय। बादशाह – बेगम।

वर – वधू। भाई – बहन।

ग) कुछ शब्दों के पहले जातिसूचक शब्द लगाते हैं।

नर कौआ – मादा कौआ।

नर भेडिया – मादा भेड़िया।

पुरुष प्रतिनिधि– स्त्री प्रतिनिधि।

नोटः- 1) 'विशारद', 'भूषण', 'आचार्य', 'विद्वान' आदि उपाधिसूचक शब्दों का स्त्रीलिंग-रूप बनाया नहीं जाता।

2) नीचे लिखे स्त्रीलिंग शब्दों में प्रत्यय लगाकर उनके पुल्लिग रूप बनाये जाते हैं।

बिल्ली – बिलाव। बहन – बहनोई (बहन का पति)

भैंस – भैंसा। ननद – ननदोई (ननद का पति)

भेड़ – भेड़ा। रस्सी – रस्सा।

25. वचन से क्या मतलब है? वचन परिवर्तन के नियम सोदाहरण समझाइए।

संज्ञाओं का जो रूप उनकी संख्या का बोध कराता है, उसे वचन कहते हैं। वचन के अनुसार संज्ञाओं के दो रूप होते हैं। एकवचन और बहुवचन।

संज्ञाओं के लिंग के अनुसार उनके वचन परिवर्तन के अलग-अलग नियम होते हैं।

पुल्लिग शब्द

i) आकारान्त पुल्लिग शब्द बहुवचन में एकारान्त बनते हैं।

कमरा – कमरे। लड़का – लड़के।

चरखा – चरखे। घोड़ा – घोड़े।

बकरा – बकरे। गधा – गधे।

लेकिन दादा, मामा, चाचा, बाबा, राजा आदि कुछ शब्दों का बहुवचन रूप नहीं बदलता।

ii) आकारान्त को छोड़कर अन्य पुल्लिग शब्दों का बहुवचन में रूप-परिवर्तन नहीं होता।

घर – पाँच घर। बड़ा घर – बड़े घर।

फल – चार फल। मीठा फल – मीठे फल।

हाथी – दो हाथी। मोटा हाथी – मोटे हाथी।

विद्यार्थी–पचास विद्यार्थी। अनेक साधु।

डाकू – दस डाकू। उल्लू– तीन उल्लू।

स्त्रीलिंग शब्द

i) अकारान्त और आकारान्त स्त्रीलिंग शब्दों के साथ 'एँ' और 'यें' लगाकर बहुवचन रूप बनाते हैं।

बात – बातें। आँख – आँखें।

रात – रातें–। पुस्तक – पुस्तकें।

कथा–कथायें। माला– मालायें

लता – लतायें। माता – मातायें।

ii) इकारान्त स्त्रीलिंग शब्दों के साथ 'याँ' लगाते हैं ईकारान्त स्त्रीलिंग शब्दों को इकारान्त बनाकर 'याँ' लगाते हैं।

तिथि – तिथियाँ। नीति – नीतियाँ।

सखी – सखियाँ। लड़की – लड़कियाँ।

नदी – नदियाँ। टोपी – टोपियाँ।

iii) उकारान्त और ऊकारान्त स्त्रीलिंग शब्दों के साथ 'यें' लगाते हैं। ?

वस्तु – वस्तुयें बहू – बहुयें।

iv) 'या' में अन्त होने वाले स्त्रीलिंग शब्दों में चन्द्र-बिन्दु लगाते हैं।

डिबिया – डिबियाँ। चिड़िया – चिड़ियाँ।

नोट :- समाचार, प्राण, दर्शन, होश, आँसू आदि कुछ शब्द हमेशा, पुल्लिग बहुवचन में प्रयुक्त होते हैं।

26. कारक का परिचय देते हुए बताइए कि कारक कितने प्रकार के हैं?

कारक संज्ञा या सर्वनाम का वह रूप है जिससे वाक्य के दूसरे शब्दों से उसका सम्बन्ध जाना जाता है।

रामदास की बेटी हिन्दी वर्ग में पढ़ती है।

मुझसे सब अच्छे हैं।

ऊपर के उदाहरणों में 'रामदास की', 'वर्ग में' और 'मुझसे' कारक है। कारक को सूचित करने वाले 'की', 'में', 'से' आदि विभक्ति-प्रत्यय हैं।

हिन्दी में सात कारक हैं–

1. कर्ता कारक (Nominative) – गोपाल ने रुपये दिये।
2. कर्मकारक (Accusative) – माँ सीता को बुलाती है।
3. कारण कारक (Instrumental) – हम कान से सुनते हैं।
4. संप्रदान कारक (Dative) – वह बहिन के लिए साड़ी लाया। यह पेन्सिल लीला को दो।
5. अपादान कारक (Ablative) – नदी पहाड़ से निकलती है।
6. सम्बन्ध कारक (Possessive) – कृष्ण का भाई बलराम है।
7. अधिकरण कारक (Locative) – कलम में स्याही है। मेज़ पर किताब है।

27. कर्म कारक और संप्रदाय कारक में क्या अन्तर है?

जिस वस्तु या व्यक्ति पर क्रिया के व्यापार (Action) का फल पड़ता है वह कर्म कारक है। जिसके लिए कोई काम किया जाता है या जिसको कुछ दिया जाता है, वह संप्रदाय कारक है।

कर्म और संप्रदाय दोनों कारकों मे विभक्ति प्रत्यय 'को' है। संप्रदाय में 'के लिए' प्रत्यय भी प्रयुक्त होता है।

कर्म कारक में अप्राणिवाचक कर्म के बाद 'को' प्रत्यय लुप्त रहता है। संप्रदाय कारक में प्रत्यय का लोप नहीं हो सकता।

गाय को मत मारो। (कर्म कारक)।

नौकर चावल लाया। (अप्राणिवाचक कर्म)

मैं बच्चे को मिठाई देता हूँ। (संप्रदान)

पिताजी के लिए चाय लाओ। (संप्रदान)

28. करण और अपादान कारक में क्या अन्तर है?

संज्ञा के जिस रूप से क्रिया के साधन या उपकरण का बोध होता है वह करण कारक है। अलग होने का भाव सूचित करने वाला संज्ञा-रूप अपादान कारक है।

करण और अपादान दोनों कारकों में विभक्ति प्रत्यय 'से' है।

लकड़ाहारा कुल्हाड़ी से लकड़ी काटता है। (करण)

अस्पताल यहाँ से बहुत दूर है। (अपादान)

29. क्या संबोधन रूप को कारक मान सकते हैं? नहीं तो क्यों?

संज्ञाओं के संबोधन रूप कारक नहीं होते। संबोधन के बाद वाक्य में मध्यम पुरुष सर्वनाम (तू, तुम, आप) का प्रयोग होता है और वही वाक्य का कर्ता होता है। इस तरह संबोधन रूप कर्ता कारक का विस्तार होता है। यही नहीं, संबोधन में प्रयुक्त अरे, हे आदि रूप कारक को सूचित करने वाले परसर्ग नहीं होते। इसलिए संबोधन रूप को कर्ता कारक का ही दूसरा रूप समझना चाहिए।

हे भगवान, हमारी रक्षा कर।

अरे लड़के! तू इधर मत बैठ।

30. विभक्ति प्रत्ययों के विशेष प्रयोग समझाइए।

1. को (कर्म कारक में Accusative case)

सामान्य रूप से सकर्मक क्रिया के कर्म के साथ 'को' प्रत्यय लगता है। कर्म अगर अप्राणिवाचक हो तो 'को' प्रत्यय लुप्त रहता है।

राम ने सीता को बुलाया। (प्राणिवाचक कर्म)।

हमने कविता पढ़ी। (अप्राणिवाचक कर्म)

समय को सूचित करते हुए 'में' के स्थान पर 'को' लगता है।

उदाहरण–शाम को, राम को

किसी स्थान को आने-जाने के अर्थ में 'को' या 'में' प्रत्यय लुप्त रहता है।

वे बैंगलूरू जाते हैं।

हम घर गये।

वाक्य में दो कर्म हो तो 'क्या' प्रश्न का जो उत्तर होता है, उसके

साथ 'को' नहीं लगता है, 'किसको' प्रश्न का जो उत्तर होता है उसके साथ 'को' लगता है।

पंडित जी ने <u>लड़के को</u> हिन्दी सिखायी।

घोड़े ने <u>लड़के</u> को <u>लात</u> मारी।

माँ <u>बच्चे</u> को दूध पिलाती है।

2. <u>को (संप्रदाय कारक में Dative Case)</u>

संप्रदान कारक में 'के लिए' के अर्थ में 'को' का प्रयोग होता है।

खाने को कुछ दो।

पढ़ने को एक किताब दो।

जाने के अर्थ में यह संप्रदान 'को' भी लुप्त रहता है।

हम नदी में नहाने जा रहे हैं।

लड़कियाँ सिनेमा देखने जाएँगी।

'चाहिए, होना, पड़ना' आदि के प्रयोग में कर्ता के साथ 'को' लगता है।

हमको शरबत चाहिए।

हमको हिन्दी सीखनी है।

रोगी को अस्पताल जाना पड़ेगा।

3. से (करण कारक में Instrumental Case)

करण कारक का प्रत्यय 'से' निम्नलिखित अर्थों में प्रयुक्त होता है।

1. उपकरण : वे कलम से लिखते हैं।
2. करण : लड़की बुखार से पीड़ित है
3. प्रकार : ध्यान से सुनो। तेज़ी से भागो।
4. के साथ : राम ने सीता से शादी की।
5. <u>कर्म वाच्य में : (कर्ता के साथ)</u>

प्रसाद से यह कहानी लिखी गयी।

4. से (अपादान कारक में Ablative Case)

1. अलग होना : पेड़ से पत्ता गिरा।

   लड़का बंबई से आया।
2. स्रोत : गंगा हिमालय से निकलती है।

3. स्थिति का बदलना : गरीब से अमीर होना।

4. समय का सिलसिला : सुबह से प्रतीक्षा करता हूँ। छः साल से पंजाब में हूँ। एक हफ्ते से बीमार है।

5. तुलना : सोना चाँदी से कीमती हूँ। शेखर सबसे बुद्धिमान लड़का है।

6. कहना, पूछना बोलना, बात करना, प्रार्थना करना, प्यार करना (प्रेम करना) आदि क्रियाओं में–

केशव से कह दो।
अध्यापक लड़के से प्रश्न पूछते हैं।
कमला राजी से नहीं बोलती।
मालिक मज़दूरों से बातें कर रहे है।
हम सब ईश्वर से प्रार्थना करेंगे।
युवक युवती से प्यार करता है। (प्रेम करता हूँ)

5. में (अधिकरण कारक Locative Case में)

निम्नलिखित अर्थों में 'में' का प्रयोग होता है।

1. अधिकरण अर्थ में – लड़के क्लास में हैं।
2. मूल्य या दाम – दस रुपये में खरीदा।
   बारह रुपये में बेचा।

6. पर (अधिकरण कारक में Locative Case)

1. अधिकरण अर्थ में – दिल्ली यमुना तट पर है।
2. करण – झूठ बोलने पर गुस्सा होता है।
3. समय या दूरी – चार-चार घटे पर दवा खाओ।
   दस-दस कोस पर पानी की सुविधा है।

7. का, के, की (सम्बन्ध कारण Genitive Case)

'का, के, की' के सामान्य नियम से दो परिचित हैं ही। निम्नलिखित अर्थों में 'का के की' का प्रयोग होता है :

1. मूल्य–पाँच रूपये की कलम, तीन लाख का मकान
2. उद्देश्य (Purpose)–पीने का पानी, खेलने का सामान
3. समय–शाम का वक्त, सबेरे का समय
4. बना हुआ–फूल की सेज, सोने का हार, चमड़े का जूता

8. अन्य कुछ विशेष प्रयोगा–

वह बेकार का आदमी है।

पणिक्करजी बड़े काम के आदमी है।

यह तो बड़े शान की बात है।

भाग्य अनुकूल हो तो मिट्टी का सोना बन जाता है।

सर्वनाम (Pronoun)

31. सर्वनाम की परिभाषा देकर उसके भेदों का परिचय दीजिए।

संज्ञा के स्थान पर उसके अर्थ को सूचित करने के लिए प्रयुक्त होने वाला विकारी शब्द सर्वनाम है। सर्वनाम संज्ञा का प्रतिनिधि है। वाक्य में बार-बार संज्ञा के आवर्तन के बदले, उसके स्थान पर सर्वनाम का प्रयोग होता है।

सर्वनामों के पाँच भेद हैं।

		एकवचन	**बहुवचन**
1.	पुरुषवाचक (Personal Pronouns)		
	उत्तम पुरुष (I Person)	मैं	हम
	मध्यम पुरुष (II Person)	तू	तुम, आप
	अन्य पुरुष (III Person)	वह, यह,	वे, ये
2.	निश्चयवाचक (Demonstrative)	वह, यह,	वे, ये
3.	अनिश्चयवाचक (Indefinite)	कोई, कुछ	कोई, कुछ
4.	सम्बन्धवाचक (Relative)	जो...सो	जो...सो
5.	प्रश्नवाचक (Interrogative)	कौन, क्या	कौन, क्या

नोटः–1 वाक्य में प्रयोग करते समय कोई, कौन, जो आदि सर्वनामों का दो बार प्रयोग करके बहुवचन रूप बनाते हैं।

कोई-कोई पूछते हैं कि...

वहाँ कौन-कोन आये हैं?

2. 'खुद' था 'स्वयं' के अर्थ में प्रयुक्त 'आप' शब्द को कुछ लोग 'निजवाचक

सर्वनाम' कहते हैं। पर यह सही नहीं है। सर्वनाम हमेशा संज्ञा का प्रतिनिधि होता है, वाक्य का कर्ता बन सकता है। लेकिन निजवाचक 'आप', किसी संज्ञा का सर्वनाम के पीछे आकर 'खुद' या 'स्वयं' का अर्थ देता है। इसलिए निजवाचक 'आप' को सर्वनाम का स्तर देना उचित नहीं है। यह 'आप' शब्द का विशेष प्रयोग-मात्र है।

गोपाल आप चला जाएगा।
तुम अपना पाठ आप पढ़ो।

32. निजवाचक 'आप' ओर आदर सूचक 'आप' में क्या भेद है? समझाइए।

आदर सूचक 'आप' मध्यम पुरुष सर्वनाम है। किसी व्यक्ति के प्रति आदर प्रदर्शित करने के लिए इसका प्रयोग होता है।

उदाहरण—पण्डितजी, आप कब दिल्ली जा रहे हैं?

अन्य पुरुष में भी विशेष आदर को सूचित करने के लिए 'वे' अथवा 'ये' के स्थान पर आदर सूचक 'आप' का प्रयोग होता है।

उदाहरण—मैथिलीशरण गुप्त जी भारत के राष्ट्रकवि थे।
आप ने 'साकेत' महाकाव्य लिखा है।

निजवाचक 'आप' स्वयं अथवा खुद का अर्थ देता है। संज्ञाओं और सर्वनामों के बाद ही इसका प्रयोग होता है, वाक्य के कर्ता के रूप में नहीं। निजवाचक 'आप' के साथ 'का' प्रत्यय लगाने पर 'अपना' रूप बना है।

मुझे नाराज देखकर नौकर आप बाहर चला गया।
जानकी अपनी मोटर आप चलाती है।
यह काम हम आप (स्वयं) देख लेंगे।
ईश्वर उनकी सहायता करता है जो अपनी सहायता आप करते हैं।

33. सर्वनामों के कारक रूप कैसे बनते हैं?

1) 'मैं' और 'तू' के साथ 'को, से, में, पर' लगने पर उनके रूप यों होते हैं।

मुझको (मुझे) तुझको (तुझे)

मुझसे	तुझसे
मुझमें	तुझमें
मुझपर	तुझपर

2) 'मैं, हम, तू, तुम' के साथ 'का, के, की, के लिए' प्रत्यय लगने पर उनके रूप यों बनते हैं।

मेरा, मेरे, मेरी, मेरे लिए
हमारा, हमारे, हमारी; हमारे लिए
तेरा, तेरे, तेरी; तेरे लिए
तुम्हारा, तुम्हारे, तुम्हारी; तुम्हारे लिए

3) वह, यह, कौन, जो, कोई-इनके साथ विभक्ति प्रत्यय लगने पर रूप-परिवर्तन यों होता है।

वह-उसने	यह-इसने
उसको (उसे)	इसको (इसे)
उससे	इससे
उसका	इसका
कौन-किसने	जो-जिसने
किसको (किसे)	जिसको (जिसे)
किसने	जिससे
किसमें	जिस पर

कोई-किसी ने
किसी को
किसी पर

4) वे, ये कौन, जो, कोई-ये बहुवचन सर्वनाम विभक्ति प्रत्यय लगने पर यों बदलते हैं।

वे – उनको (उन्हें), उनसे, उनका
ये – इनको (इन्हें), इनका, इनमें
कौन – किनको (किन्हें), किनसे, किन पर
जो – जिनको (जिन्हें), जिनका, जिनमें

कोई – किन्हीं से, किन्हीं पर

नोटः– वे, ये, कौन, जो इन बहुवचन सर्वनामों के साथ 'ने' प्रत्यय लगने पर इसके निम्नलिखित रूप होते हैं।

उन्होंने	किन्होंने
इन्होंने	जिन्होंने

3. विशेषण Adjective

34. विशेषण की परिभाषा देकर उनके भेदों का परिचय दीजिए।

जो विकारी शब्द संज्ञा या सर्वनाम की विशेषता को प्रकट करता है या उसकी व्याप्ति को सीमित करता है, वह विशेषण है।

अच्छा लड़का	छोटा घर
गोल रसगुल्ला	मीठा आम

विशेषणों के चार प्रकार होते हैं–गुणवाचक, संख्यावाचक, परिमाणवाचक और सार्वनामिक।

1. गुणवाचक विशेषण (Adjectives of Quality)

गुणवाचक विशेषण से संज्ञा के गुण, आकार, अवस्था, रंग आदि सामान्य विशेषताओं का बोध होता है।

गुण – भला, महात्मा, बेवकूफ, पापी
आकार – सुन्दर, गोल, नुकीला, सुड़ौल
अवस्था – मोटा, पतला, सुखी, कमजोर
रंग – पीला, काला, लाल, भूरा
देख – चीनी, पंजाबी, जापानी, रूसी
स्थान – बाहरी, भीतरी, ऊपरी
काल – नया, पुराना, पिछला, अगला

2. संख्या वाचक विशेषण (Adjective of Number)

संज्ञा की संख्या, कम, गुना आदि को सूचित करने वाले विशेषण संख्यावाचक हैं। इसके दो भेद हैं–

i) निश्चित संख्यावाचक

चार आम। दूसरा लड़का।

ii) अनिश्चित संख्यावाचक

बहुत किताबें कई लड़के।

कुछ फल। थोड़े दिन।

3. परिमाणवाचक विशेषण (Adjective of Quantity)

वस्तुओं की माप, तौल या परिमाण को बताने वाला परिमाण वाचक कहलाता है। इसके दो भेद हैं–

i) निश्चित परिणाम वाचक

सवा सेर गेहूँ। सौ मन चावल।

दो बीघा ज़मीन ढाई गज कपड़ा।

ii) अनिश्चित परिमाणवाचक

थोड़ा चावल। अधिक मक्खन

सारा नगर कम दूध।

4. सार्वनामिक विशेषण (Pronominal Adjectives)

यह, वह आदि सर्वनाम जब किसी विशेष व्यक्ति या वस्तु की ओर निर्देश करते हैं तब उन्हें सार्वनामिक विशेषण कहते हैं। निर्देश करने के कारण इनको निर्देशक विशेषण (Demonstrative Adjectives) भी कहते हैं।

वह कमरा। ये लोग।

जो काम। कोई आदमी।

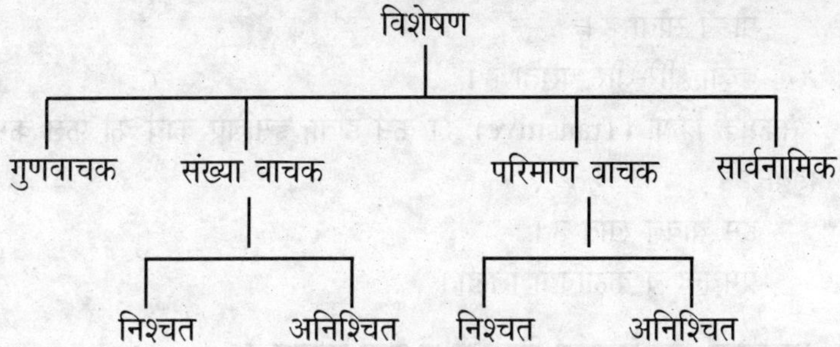

क्रिया (Verb)

35. क्रिया की परिभाषा दीजिए।

जिस विकारी शब्द से किसी व्यापार (Action) का होना या करना सूचित होता है, उसे क्रिया कहते हैं।

प्रकाश फैलता है। (होना)

दूकानदार कपड़ा बेचता है। (करना)

36. धातु (Root) किसे कहते है?

धातु वह मूल शब्द है जिससे क्रिया पद बनता है।

आ, पी, चल, सो

37. क्रियार्थक संज्ञा से क्या तात्पर्य है?

धातुओं के साथ 'ना' लगाकर क्रिया का साधारण रूप बनाया जाता है। वाक्य में यह संज्ञा के स्थान पर प्रयुक्त होता है। इसलिए इसे क्रियार्थक संज्ञा (Verbal Noun) कहते हैं।

बार-बार कॉफ़ी पीना अच्छा नहीं है।

लिखने के लिए कागज़ दो।

38. क्रिया के कितने भेद हैं?

क्रिया के दो भेद हैं–अकर्मक और सकर्मक।

अकर्मक क्रिया (Intransitive) का कर्म नहीं होता; इसलिए कार्य का फल कर्ता पर पड़ता है।

मोहन सोता है।

बच्चा धीरे-धीरे चलता है।

सकर्मक क्रिया (Transitive) का कर्म होता; इसलिए कार्य का फल कर्म पर पड़ता है।

हम चावल खाते हैं।

प्रेमचन्द ने कहानियाँ लिखीं।

39. अकर्तृकत और सकर्तृक क्रियाओं से क्या मतलब है?

'गोपाल पाठ लिखता है।' इस वाक्य में 'लिखता है' क्रिया है। गोपाल लिखने का काम करता है। इसलिए गोपाल इस क्रिया का कर्ता है।

'नदी बहती है।' इस वाक्य में 'बहती है' क्रिया है। पर 'बहना' एक ऐसा काम है जो अपने आप होता है। इसका कोई कर्ता नहीं होता।

जिन क्रियाओं का कोई कर्ता होता है, वह सकर्तृक क्रिया है। उदाहरण—पढ़ना, लिखना, करना, खरीदना, बेचना।

जिन क्रियाओं का कोई कर्ता होता है, वह अकर्तृक क्रिया है। उदाहरण—फैकना, बहना, खुलना, टूटना, खिलना।

40. व्युत्पत्ति (बनावट) के अनुसार क्रिया के कितने भेद हैं?

व्युत्पत्ति के अनुसार क्रिया के दो भेद हैं—

मूल क्रिया और यौगिक क्रिया।

मूल क्रिया वे हैं जो किसी अन्य शब्द से नहीं बनतीं।

लाना, पहनना, उठना

यौगिक क्रिया वे हें जो अन्य शब्दों से बनती हैं। इनके तीन प्रकार हैं—
प्रेरणार्थक क्रिया, नामधातु क्रिया और संयुक्त क्रिया।

शाहजहाँ ने ताजमहल बनवाया। (प्रेरणार्थक)

दूसरों का दिल मत दुखाओ। (नामधातु)

शिकारी ने बाघ को मार डाला। (संयुक्त)

41. प्रेरणार्थक क्रिया से क्या मतलब है? वे कैसे बनती हैं?

क्रिया के जिस रूप से यह मालूम होता है कि क्रिया का कार्य किसी की प्रेरणा से होता है, उसे प्रेरणार्थक क्रिया कहते हैं।

अध्यापक विद्यार्थी से कविता <u>पढ़वाते</u> हैं।

राजा सेवक द्वारा मन्त्री को <u>बुलवाते</u> हैं?

अध्यापक कविता स्वयं नहीं पढ़ते, विद्यार्थी को इसकी प्रेरणा देते हैं। राजा मन्त्री को स्वयं नहीं बुलाते, इसके लिए सेवक को भेजते हैं। प्रेरणा देने वाले को प्रेरक कर्ता और प्रेरणा पाकर कार्य करने वाले को प्रेरित कर्ता कहते हैं। 'अध्यापक' और 'राजा' प्रेरक कर्ता हैं; 'विद्यार्थी' और 'सेवक' प्रेरित कर्ता हैं।

अकर्मक और सकर्मक क्रियाओं से प्रेरणार्थक क्रियायें बनती हैं। अकर्मक क्रियायें सकर्मक बनकर फिर प्रेरणार्थक बनती हैं।

अक.	**सक.**	**प्रेरणा.**
चलना	चलाना	चलवाना
उठना	उठाना	उठवाना
बैठना	बिठाना	बिठवाना
लेटना	लिटाना	लिटवाना
खेलना	खिलाना	खिलवाना
डूबना	डूबाना, डुबोना	डुबवाना
भीगना	भिगाना, भिगोना	भिगवाना
टूटना	तोड़ना	तुड़वाना
फटना	फाड़ना	फड़वाना
सोना	सुलाना	सुलवाना

सकर्मक क्रियायें द्विकर्मक बनकर फिर प्रेरणार्थक बनती हैं।

सक.	**द्विक.**	**प्रेरणा.**
पढ़ना	पढ़ाना	पढ़वाना
बोलना	बुलाना	बुलवाना
खाना	खिलाना	खिलवाना
लिखना	लिखना	लिखवाना
देना	दिलाना	दिलवाना
लेना	लिवाना	लिलवाना

42. नाम धातु क्रिया किसे कहते हैं? वे कैसे बनती हैं?

संज्ञा, विशेषण आदि अन्य शब्दों के साथ प्रत्यय लगाकर नाम धातु क्रियायें बनायी जाती हैं।

संज्ञा से :	दुख	दुखाना
	बात	बताना
	लाज	लजाना
	हाथ	हथियाना
विशेषण से :	गरम	गरमाना

43. संयुक्त क्रिया से आप क्या समझते हैं? वे कैसे बनती हैं?

दो या तीन मूल धातुओं को मिलाकर संयुक्त क्रियायें बनायी जाती हैं। संयुक्त क्रिया में पहली क्रिया मुख्य होती है। बाद में आने वाली क्रियायें उसके अर्थ में विशेषता पैदा करती हैं। संयुक्त क्रिया के कुछ उपभेद हैं।

1) शक्ति सूचक	– कर सकना,	लिख सकना
2) इच्छा सूचक	– खाना, चाहना,	देना चाहना
3) आरम्भ सूचक	– जाने लगना,	गाने लगना
4) समाप्ति सूचक	– खा चुकना,	पी चुकना
5) विवशता सूचक	– देना पड़ना,	जाना पड़ना
6) नित्यता सूचक	– पढ़ा करना,	दिया करना
7) पुनरुक्त संयुक्त क्रिया	– करना-धरना,	पढ़ना-लिखना, लेना-देना

44. सहायक क्रिया और रंजक क्रिया में कया अन्तर है?

सयुक्त क्रियाएँ दो प्रकार से बनती हैं–

1. मुख्य क्रिया + सहायक क्रिया
2. मुख्य क्रिया + रंजक क्रिया

सक, चुक, लग, चाह, दे–आदि के अपने निश्चित अर्थ होते हैं जैसे 'सक' शक्ति को सूचित करता है, 'चुक' समाप्ति की और 'चाह' इच्छा को। ये क्रियाएँ स्वतन्त्र रूप से प्रयुक्त नहीं होतीं, किसी मुख्य क्रिया के अर्थ में विशेषता लाने के लिए ही प्रयुक्त होती हैं।

जा, उठ, बैठ, पड़, डाल आदि क्रियाएँ मुख्य क्रियाएँ हैं। पर ये क्रियाएँ किसी अन्य क्रिया के पीछे आकर उसके अर्थ में विशेषता पैदा करती हैं। ऐसी हालत में वे अपने स्वतन्त्र अर्थ को छोड देती हैं। ऐसी क्रियाओं को रंजक क्रियाएँ कहते हैं।

उदाहरण–मार डालना, बोल उठना,
कर बैठना, लिख मारना, जल जाना।

45. क्रिया के काल किसे कहते हैं? क्रिया के कितने काल हैं? विस्तृत परिचय दीजिए।

काल, क्रिया का वह रूप है जिससे कार्य के हाने या करने का समय सूचित होता है। काल के तीन भदे हैं–भूत, वर्तमान और भविष्यत्।

क) भूतकाल : (Past Tense)
भूतकाल के सात भेद हैं।

1) सामान्य भूत – बैठा, खाया
2) आसन्न भूत – बैठा है, खाया है
3) पूर्ण भूत – बैठा था, खाया था
4) सम्भाव्य भूत – बैठा हो, खाया हो
5) संदिग्ध भूत – बैठा होगा, खाया होगा
6) अपूर्ण भूत – बैठता था, खाता था
7) हेतुहेतुपद् भूत – बैठना, खाता

अपूर्ण भूतकाल का और एक रूप बनता है-बैठ रहा था। इस रूप को तात्कालिक अपूर्ण भूत कहते हैं।

ख) वर्तमानकाल : (Present Tense)
वर्तमानकाल के चार भेद हैं–

1) सामान्य वर्तमान – बैठता है, खाता है
2) तात्कालिक वर्तमान – बैठ रहा है, खा रहा है
3) संभाव्य वर्तमान – बैठता हो, खाता हो
4) सन्दिंग्ध वर्तमान – बैठता होगा, खाता होगा

ग) भविष्यत् काल (Future Tense)
भविष्यत् काल के दो भेद हैं।

1) सामान्य भविष्यत् – बैठेगा, खाएगा
2) संभाव्य भविष्यत् – बैठे, खाए

46. क्रियाओं के 'प्रकार' (Mods) किसे कहते हैं? 'प्रकार' कितने हैं?

क्रिया की प्रस्तुति की प्रणाली को 'प्रकार' कहते हैं। प्रकार संख्या में तीन हैं निश्चयार्थ, संभावनार्थ और विध्यर्थ।

1) निश्चयार्थ : क्रिया के जिस रूप से कार्य का निश्यच सूचित होता है उसे निश्चयार्थ कहते हैं।

समान्य भूत, आसन्न भूत, पूर्ण भूत, सामान्य वर्तमान, तात्कालिक वर्तमान और सामान्य भविष्यत् की क्रियाएँ इसके अन्तर्गत हैं।

2) संभावनार्थ : क्रिया के जिस रूप से कार्य के संबन्ध में अनुमान, इच्छा, कर्त्तव्य, संदेह आदि सम्भावनायें सूचित होती हैं, उसे संभावनार्थ कहते हैं।

संदिग्ध भूत, हेतुहेतुमद् संदिग्ध वर्तमान ओर संभाव्य भविष्यत् के रूप इसमें आते हें।

3) विध्यर्थ : क्रिया के जिस रूप से किसी की कार्य में प्रवृत्त करना सूचित होता है, उसे विध्यर्थ या प्रवतनार्थ कहते हैं। इसके द्वारा आज्ञा, प्रार्थना, प्रश्न, अनुमति, अर्थ आदि प्रकट होते हें।

I) तू चल। तुम चलो। आप चलिए।

II) हे ईश्वर, हमको सदा सदबुद्धि दीजिए।

47. 'ने' प्रत्यय का नियम संक्षेप में बताइए।

'दे' कर्ता कारक का प्रत्यय है। इसका अपना अलग अर्थ नहीं होता। मुख्य रूप से इसके तीन ही नियम हैं और तीन अपवाद (Excepations) भी हैं।

नियम : 1) सकर्मक क्रिया भूतकाल में जब प्रयुक्त होती है, तब वाक्य के कर्ता के साथ 'ने' लगाया जाता है।

गोपाल ने सिनेमा देखा।

2) कर्ता के साथ 'ने' लगने पर क्रिया कर्म के लिंग वचनों के अनुसार रहती है।

गोपाल ने चिट्ठी लिखी।

सीता ने आम खाया।

3) अगर कर्म के साथ 'को' प्रत्यय लगा रहे अथवा कर्म लुप्त रहे तो क्रिया का रूप पुल्लिग एकवचन में रहता है।

हमने बिल्ली को देखा।
क्या लड़की ने खाया?

अनुवाद : 1) ला, बोल और भूल-इन तीनों क्रियाओं के कर्ता के साथ 'ने' नहीं लगता।

नौकर चावल लाया।

बहन सभा में बोली।

2) सक, चुक, लग—इन तीनों सहायक क्रियाओं के प्रयोग में वाक्य के कर्ता के साथ 'ने' नहीं लगता।

हम किताब पढ़ चुके।

मैं कविता लिख सका।

वह काम करने लगा।

3) अपूर्ण भूत और हेतुहेतुमद्भूत काल की क्रियाओं के कर्ता के साथ 'ने' नहीं सगता।

जमानलालजी बहुत दान देते थे।

लड़का पढ़ता तो पास होता।

48. वाच्य किसे कहते हैं? उसके कितने भेद हैं?

कर्ता, कर्म अथवा क्रिया के अर्थ-इन तीनों में किसी एक को प्रधानता देने की दृष्टि से वाक्य में क्रिया का विधान भिन्न-भिन्न प्रकार से होता है। क्रिया के जिस विधान से वाक्य में कर्ता की प्रधानता सूचित हो उसे कर्तृ वाच्य कहते हैं; जिस विधान से कम्र की प्रधानता सूचित हो उसे कर्म वाच्य कहते हैं और जिस विधान से क्रिया का अर्थ मात्र प्रधान रहता है उसे भाव वाच्य कहते हैं। इस प्रकार वाच्य से यह जाना जाता है कि वाक्य में क्रिया के विधान का मुख्य कर्ता है, कर्म है या केवल धातु का अर्थ।

लड़का पाठ लिखता है। (कर्तृ वाच्य)
कल रात को मैं नहीं सोया।

लड़के से पाठ लिखा जाता है। (कर्म वाच्य)
कल रात को मुझसे सोया नहीं गया। (भाव वाच्य)

सकर्मक क्रिया के कर्तृवाच्य ओर कर्मवाच्य रूप बन सकते हैं और अकर्मक क्रिया के कर्तृवाच्य और भाववाच्य रूप।

49. प्रयोग किसे कहते हैं? वाच्य और प्रयोग में क्या अन्तर है?

हिन्दी की वाक्य-रचना में क्रिया का लिंग-वचन कभी कर्ता के लिंग-वचनों के अनुसार होता है, कभी कर्म के और कभी वह इन दोनों से भिन्न, स्वतन्त्र रह जाता है। जिस क्रिया का लिंग-वचन कर्ता के अनुसार है वह कर्तरि प्रयोग है, जिस क्रिया का लिंग-वचन कर्म के अनुसार है वह कर्मणि प्रयोग है और जिस क्रिया का लिंग-वचन कर्ता या कर्म के अनुसार होकर स्वतन्त्र रहता है, वह भावे प्रयोग है। इस प्रकार प्रयोग से यह जाना जाता है कि क्रिया-रूप कर्ता का अनुगामी है या कर्म का अथवा स्वतन्त्र।

वाच्य और प्रयोग में अन्तर यह है कि जहाँ वाच्य का सम्बन्ध पूरे वाक्य के विधान से है वहाँ प्रयोग का संबन्ध क्रिया के रूप मात्र से है।

पंडित जी पूजा-पाठ करते हैं।
मैं कल ठण्डे पानी में नहाऊँगा। } कर्तरि प्रयोग

सीता से दो पत्र लिखे गये।
तुम से जलेबी खायी जायेगी। } कर्मणि प्रयोग

छोछे बच्चे से दो मील नहीं चला जायेगा।
हम से सहा नहीं जाता। } भावे प्रयोग

वाच्य और प्रयोग के सम्बन्ध में ध्यान देने की एक दो बातें हैं। कर्तृवाच्य के अन्तर्गत कर्तरि, कर्मणि और भावे तीनों प्रयोग हो सकते हैं। कर्मवाच्य के अन्तर्गत कर्मणि और भाव प्रयोग हो सकते हैं और भाववाच्य में केवल भावे प्रयोग।

कवि कविताये लिखता है।	(कर्तृवाच्य कर्तरि प्रयोग)
कवि ने कतवतायें लिखीं।	(कर्तृवाच्य कर्तणि प्रयोग)
कवि ने कविताओं को बेच दिया।	(कर्तृवाच्य भावे प्रयोग)
कवि से कवितायें लिखी गयीं।	(कर्तृवाच्य कर्मणि प्रयोग)
कवि से कविताओं को बेचा गया।	(कर्तृवाच्य भावे प्रयोग)
गीली जमीन पर सोया नहीं जाता।	(भाववाच्य भावे प्रयोग)

अव्यय

50. अव्यय किसे कहते हैं? अव्यय के कितने भेद हैं?

लिंग, वचन, कारक और पुरुष के कारण जिन शब्दों में विकार या रूपान्तर नहीं होता, उन्हें अविकारी शब्द या अव्यय कहते हैं। अव्यय चार प्रकार के होते हैं–

क्रिया विशेषण – (Adverb)
सम्बन्ध बोधक – (Post Position)
समुच्चय बोधक – (Conjunction)
विस्मयादि बोधक – (Interjection)

इनमें क्रिया विशेषण का विशेष महत्त्व होता है।

क्रिया विशेषण (Adverb)

51. क्रिया विशेषण किसे कहते हैं? विशेषण और क्रिया-विशेषण में क्या अन्तर है?

क्रिया की विशोता को प्रकट करने वाला अविकारी शब्द क्रिया विशेषण **(Adverb)** कहलाता है।

उदाहरण–अरब के घोड़े तेज दौड़ते हैं।
जल्दी चलो, गाड़ी निकल जाएगी।
धीरे-धीरे रे मना, धीरे सब कुछ होय।

विशेषण संज्ञा की विशेषता को प्रकट करता है और क्रिया-विशेषण क्रिया

की विशेषता को। विशेषण विकारी शब्द है और क्रिया-विशेषण अविकारी शब्द है। इसलिए लिंग, वचन आदि के कारण विशेषण के रूप में परिवर्तन हो सकता है, पर क्रिया-विशेषण के रूप में नहीं।

अच्छा लड़का रोज अपना पाठ पढ़ता है। नीली साड़ी का दाम सत्तर रुपये हैं। हमने मीठे फल खाये।	विशेषण
गाड़ी धीरे-धीरे चलती है। लड़के धीरे-धीरे पढ़ रहे हैं। वे वहाँ अवश्य जायेंगे।	क्रिया विशेषण

52. व्युत्पत्ति (बनावट) के अनुसार क्रिया विशेषण के कितने भेद हैं?

व्युत्पत्ति के अनुसार क्रिया विशेषण के तीन भेद हैं–

मूल, यौगिक और स्थानीय।

मूल क्रिया-विशेषण किसी दूसरे शब्द से नहीं बनते।

दूर, फिर, नहीं

यौगिक क्रिया विशेषण संज्ञा, सर्वनाम, विशेषण आदि शब्दों में प्रत्यय लगाने से बनते हैं। शब्दों की द्विरुक्ति और शब्दों के मेल से भी क्रिया-विशेषण बनते हैं।

दिनभर, रातको, यहाँ, इतना, अभी, पहले, बहुधा, आते-जाते, पढ़ते हुए, दिन-दिन और देश-विदेश।

कभी-कभी संज्ञा, विशेषण आदि दूसरे शब्द बिना किसी विकार के क्रिया-विशेषण के स्थान पर प्रयुक्त होते हैं। उन्हें स्थानीय क्रिया-विशेषण कहते हैं।

गोपाल यह काम खाक करेगा।

उसने लाख कहा, लेकिन लड़के ने ना माना।

राधा खाना अच्छा पकायेगी।

53. अर्थ की दृष्टि से क्रिया-विशेषण के भेदों को समझाइए।

अर्थ की दृष्टि से क्रिया-विशेषण चार प्रकार के होते हैं

1) स्थानवाचक - वहाँ, यहाँ, उधर, दूर, पास, पीछे।

2) कालवाचक - आजकल, अब, पहले, तभी, रोज।
3) परिमाणवाचक - थोड़ा, कुछ, उतना, कम, बिलकुल।
4) रीतिवाचक - धीरे-धीरे, अचानक, अवश्य, शायद।

54. प्रयोग की दृष्टि से क्रिया-विशेषण कितने प्रकार के होते हैं?

प्रयोग की दृष्टि से क्रिया-विशेषण तीन प्रकार के होते हैं।

1) साधारण - धीरे, जल्दी, तेज, थोड़ा, नहीं
2) संयोजक - जब...तब, जहाँ...वहाँ, जितना...उतना
3) अनुबद्ध - वह हिन्दी ही जानता है। राम ने पेट भर खाया।

55. 'न, नहीं, मत' का प्रयोग समझाइए।

न, नहीं और मत निषेधवाचक क्रिया विशेषण है। इनके प्रयोग के सामान्य नियम निम्नलिखित हैं।

विधि रूप क्रिया में निषेध सूचित करने के लिए 'मत' का प्रयोग होता है।

तुम अभी मत जाओ।

दिन में मत सोओ।

निश्चयार्थक क्रिया में निषेध सूचित करने के लिए 'नहीं' का प्रयोग होता है।

लड़का पाठ नहीं लिखता।

उसने वह काम नहीं किया।

विधि, क्रिया, निश्चयार्थ क्रिया दोनों में निषेध सूचित करने के लिए 'न' का प्रयोग हो सकता है। साथ ही प्रश्नार्थक वाक्य में भी 'न' का प्रयोग होता है।

तुम यह किताब न पढ़ो।

मैं वहाँ न सोऊंगा।

केशव सिनेमा जायगा न?

तुम मेरी मदद करोगे न?

थोड़ी देर बैठिये न?

सम्बन्धबोधक (Post-Position)

56. सम्बन्धबोधक से क्या तात्पर्य है?

संज्ञा या सर्वनाम के पीछे आकर वाक्य के दूसरे शब्दों से उसका सम्बन्ध सूचित करने वाला अविकारी शब्द सम्बन्ध बोधक कहलाता है।

सम्बन्ध बोधक अव्ययों के पहले हमेशा 'के', 'को' या 'से' आदि विभिन्न प्रत्यय लगा रहता है।

के अन्दर	के पास	की ओर
के बाहर	के साथ	की तरफ
के ऊपर	के सामने	की तरह
के नीचे	के द्वारा	की नाई
के आगे	के समान	से पहले
के पीछे	के कारण	से परे

सम्बन्ध बोधक अव्यय दो प्रकार के होते हैं। सम्बन्ध बोधक अव्यय के पहले के, की, से आदि विभक्ति प्रत्यय हों तो उसे सम्बद्ध सम्बन्ध बोधक कहते हैं।

घर के अन्दर जंगल की तरफ

दोपहर से पहले

सम्बन्ध बोधक अव्यय के पहले कोई विभक्ति प्रत्यय न हो को उसे अनुबद्ध सम्बन्ध बोधक कहते हैं।

पुस्तक समेत महीनों तक

भरत सरीखा

समुच्चयबोधक (Conjunction)

57. समुच्चयबोधक किसे कहते हैं? उसके कितने भेद हैं?

शब्दों, वाक्यांशों या वाक्यों को मिलाने वाला अविकारी शब्द समुच्चय बोधक अथवा योजक कहलाता है।

सीता और राधा

सब बोलना या चुप रहना।

मैं वहाँ गया, पर उससे न मिल सका।

समुच्चय बोधक के तीन भेद हैं—

1. संयोजक	-	और, एवं, तथा, भी
2. विकल्प बोधक	-	या, अथवा, चाहे या तो...या
3. विरोध दर्शक	-	पर, परन्तु, लेकिन, मगर, बल्कि
4. परिणाम दर्शक	-	इसलिए, क्योंकि, ताकि, जोकि
5. कारण सूचक	-	क्योंकि, इसलिए कि
6. उद्देश्य सूचक	-	कि, ताकि, जिससे
7. संकेत बोधक	-	यदि...तो, यद्यपि...तथापि
8. स्वरूप वाचक	-	मानों, याने, अर्थात्

विस्मयादिबोधक (Interjunction)

58. विस्मयादि बोधक की परिभाषा देकर उसके प्रमुख प्रकारों का परिचय दीजिए।

जिन अविकारी शब्दों से विस्मय, शोक, हर्ष, लज्जा आदि मनोभाव प्रकट होते हैं उन्हें विस्मयादिबोधक या द्योतक कहते हैं।

1. विस्मयबोधक	-	हैं! ऐं! ओहो! बाप रे!
2. हर्षबोधक	-	शाबाश! वाह! अच्छा!
3. शोकबोधक	-	हाय हाय! आह! हा!
4. स्वीकृति बोधक	-	अच्छा! ठीक! जी हाँ।
5. तिरस्कार बोधक	-	हट! छिः! चुप!
6. अनुमोदन बोधक	-	हाँ ठीक! अच्छा!
7. सम्बोधन बोधक	-	रे, जी, ओ!
8. आशीर्वाद सूचक	-	जियो, जीते रहो, जय हो

संज्ञा, विशेषण आदि कुछ अन्य शब्द-भेद कभी-कभी विस्मयादिबोधक के रूप में प्रयुक्त होते हैं।

उदाहरण—भगवान! शिव शिव! क्यों! बहुत अच्छा! सर्वनाश हो गया!

उपसर्ग और प्रत्यय

59. उपसर्ग और प्रत्यय से क्या मतलब है? उन दोनों का अन्तर समझाइए।

भाषा में शब्दों के साथ शब्दांश मिलाकर नये शब्द बनाते हैं। यौगिक और योगरूढ़ शब्द इस प्रकार बने हुए होते हैं। किसी शब्द के पहले लगाकर उसके अर्थ में विशेषता पैदा करने वाला शब्दांश उपसर्ग (Prefix) है।

मान	-	अभिमान, अपमान
कार	-	उपकार, अपकार
भव	-	विभव, पराभव

किसी शब्द के पीछे लगकर उसके अर्थ में विशेषता पैदा करने वाला शब्दांश प्रत्यय (Suffix) हैं।

चढ़ना	+	आई	=	चढ़ाई
सुन्दर	+	य	=	सौन्दर्य
गाड़ी	+	वान	=	गाड़ीवान

60. उपसर्ग के कितने प्रकार होते हैं?

हिन्दी में तीन प्रकार के उपसर्ग चलते हैं—संस्कृत के; हिन्दी के और उर्दू के। संस्कृत उपसर्ग संस्कृत शब्दों के पहले, हिन्दी उपसर्ग हिन्दी शब्दों के पहले और उर्दू उपसर्ग उर्दू शब्दों के पहले लगते हैं।

संस्कृत उपसर्ग :

उपसर्ग	**अर्थ**	**शब्द**
सु	अच्छा	सुपुत्र, सुकर्म
कु	बुरा	कुपुत्र, कुकर्म
अनु	पीछे	अनुज, अनुचर
अप	बुरा	अपकर्ष, अपशब्द

अव	हीन	अवगुण, अवनति
उत्	श्रेष्ठ	उत्कर्ष, उत्तम
दुर	बुरा, कठिन	दुराचार, दुष्कर
प्र	अधिक	प्रबल, प्रचार
स	सहित	सजीव, सफल
सह	साथ	सहचर, सहपाठी

हिन्दी उपसर्ग

अन	बिना	अनगिनत, अनमोल
अध	आधा	अधखिला, अधपका
औ	बुरा	औगुन, औघट
उन	कम	उनतीस, उनचास
दु	दो	दुधारा, दुगुना
नि	रहित	निडर, निकम्मा
भर	भरा	भरपेट, भरसक

उर्दू उपसर्ग

खुश	अच्छा	खुशबू, खुशहाल
बद	राबु	बदबू, बदनाम
ना	नहीं	नापसन्द, नालायक
कम	थोड़ा	कम उम्र, कमजोर
बिला	बिना	बिलाशक, बिलाकसुर

61. प्रत्ययों के कितने भेद हैं? कृत प्रत्यय और तद्धित प्रत्यय में क्या अन्तर है?

भाषा में लिंग, वचन, कारक, काल आदि को सूचित करने वाले प्रत्यय होते हैं। इनमें से प्रत्येक का अपना-अपना काम होता है, जैसे—शब्द के लिंग, वचन, क्रिया का काल आदि सूचित करना। पर इन प्रत्ययों से नये शब्द नहीं बनते।

शब्दों के पीछे लगकर नये शब्द बनाने वाले प्रत्ययों के दो भेद हैं—कृत् प्रत्यय और तद्धित प्रत्यय।

धातुओं के पीछे लगकर क्रिया को छोड़ अन्य शब्द बनाने वाले प्रत्यय कृत प्रत्यय कहलाते हैं।

सींचना + आई = सिंचाई

बनाना + आवट = बनावट

धातुओं को छोड़कर अन्य शब्दों के साथ लगने वाले प्रत्यय तद्धित प्रत्यय कहलाते हैं।

ग्राम + ईन = ग्रामीण

साँप + ऐरा = सपेरा

62. कृदन्त किसे कहते हैं? उसके कितने प्रकार हैं?

धातुओं के पीछे कृत् प्रत्यय के लगने से बनने वाला नया शब्द कृदन्त कहलाता है। कृदन्त छह प्रकार के होते हैं।

1. कर्तृवाचक : बोलना – वाला = बोलनेवाला
   - चलना – वाला = चलनेवाला
   - सिरजना – हारा = सिरजनहारा
   - मिलना – सार = मिलनसार
   - पीना – अक्कड़ = पियक्कड़
   - घूमना – अक्कड़ = घुमक्कड़
   - तैरना – आक = तैराक
   - खेलना – आड़ी = खिलाड़ी
   - झगड़ना – आलू = झगड़ालू
2. गुणवाचक डरना – आवना = डरावना
   - बढ़ना – इया = बढ़िया
   - टिकना – आऊ = टिकाऊ
3. कर्मवाचक बिछाना – औना = बिछौना
   - सूँघना – नी = सूँघनी
4. करणवाचक झूलना – आ = झूला
   - झाड़ना – ऊ = झाड़ू
   - कसना – औटी = कसौटी
   - खेलना – औना = खिलौना
5. भाववाचक : लड़ना – आई = लड़ाई
   - मिलना – आप = मिलाप

थकना – आवट = थकावट

बुलाना – आवा = बुलावा

6. क्रियाद्योतक : गाया हुआ गान

पढ़ा लिखा आदमी

दौड़ता हुआ कुत्ता

बहता पानी

नोट :– क्रियाद्योतक कृदन्त, काल के अनुसार तीन प्रकार के होते हैं।

क) वर्तमानकालिक कृदन्त	-	उड़ता हुआ पक्षी उड़ता पक्षी
ख) भूतकालिक कृदन्त	-	भेजा हुआ पत्र, भेजा पत्र
ग) पूर्वकालिक कृदन्त	-	पढ़कर, खाकर सोकर, चलकर

63. तद्धितांत से क्या मतलब है? उसके भेदों को उदाहरण सहित समझाइए।

संज्ञा, सर्वनाम, विशेषण आदि शब्द-भेदों के साथ तद्धित प्रत्यय के लगने से बनने वाला नया शब्द तद्धितांत कहलाता है। तद्धितांत के असंख्य भेद हैं। कुछ मुख्य भेदों के उदाहरण नीचे दिये जाते हैं।

1. कर्तृवाचक :	सोना	–	आर	= सुनार
	तेल	–	ई	= तेली
	दूध	–	वाला	= दूधवाला
	लकड़ी	–	हारा	= लकड़हारा
2. भाववाचक :	भला	–	आई	= भलाई
	बूढ़ा	–	पा	= बुढ़ापा
	मीठा	–	आस	= मिठास
	गरम	–	ई	= गरमी
3. सम्बन्धवाचक :	ससुर	–	आल	= ससुराल
	मामा	–	एरा	= ममेरा
4. ऊनवाचक :	लोटा	–	इया	= लुटिया
	खाट	–	इया	= खटिया
5. गुणवाचक :	धन	–	ई	= धनी
	घर	–	ऊ	= घरू

	विष —	ऐला	= विषैला
6. स्थान वाचक :	पंजाब —	ई	= पंजाबी
	दिल्ली —	वाला	= दिल्लीवाला

समास

64. समास किसे कहते हैं? उसके मुख्य भेदों का परिचय दीजिए।

भाषा में दो या अधिक शब्दों के मेल से भी नये शब्द बनते हैं। परस्पर सम्बन्ध रखने वाले दो या अधिक शब्दों के मेल को समास कहते हैं। समास में विभक्ति प्रत्ययों का लोप हो जाता है। समास से बने हुए नये शब्द को समस्त शब्द कहते हैं।

रसोई के लिए घर — रसोई-घर
पत्र का उत्तर — पत्रोत्तर

समास चार प्रकार के होते हैं—अव्ययीभाव, तत्पुरुष, द्वन्द्व और बहुव्रीहि।

1. अव्ययीभाव : समास के दो पदों में से पहला पद प्रधान हो तो वह अव्ययीभाव कहलाता है। (पूर्व पदार्थ प्रधान)

पेट भरकर — भरपेट
मरण पर्यन्त — आमरण
शक्ति के अनुसार — यथाशक्ति
खटके के बिना — बेखटके

2. तत्पुरुष : समास के दो पदों में से दूसरा पद प्रधान हो तो वह तत्पुरुष है (उत्तर पदार्थ प्रधान) तत्पुरुष समास के पदों के बीच विभक्ति प्रत्यय लगे हो तो वह व्यधिकरण तत्पुरुष कहलाता है।

गिरह को काटने वाला— गिरहकट
मद से मस्त — मदमस्त
राह के लिए खर्च — राहखर्च
पद से च्युत — पदच्युत

घोड़े की दौड़ — घुड़दौड़
नगर में वास — नगरवास

तत्पुरुष समास में दोनों पद विशेषण-विशेष्य या उपमान उपमेय हो तो उसे समानाधिकरण तत्पुरुष (कर्मधारय) कहते हैं।

पूँछवाला तारा — पुच्छलतारा
महान् पुरुष — महापुरुष
विद्या रूपी धन — विद्याधन
घन जैसा श्याम — घनश्याम

कर्मधारय में अगर संख्यावाचक विशेषण हो और समस्त पद किसी समूह का बोध करावे तो उसे द्विगु कहते हैं।

सात सौ का समूह — सतसई
पाँच सेर का समूह — पसेरी
तीन भुवनों का समूह— त्रिभूवन

3. द्वन्द्व : समास के दोनों पद समान रूप से प्रधान हो तो उसे द्वन्द्व कहते हैं। (उभय पदार्थ प्रधान)।

दाल और रोटी — दाल रोटी
पाप या पुण्य — पाप पुण्य
धनी और मानी — धनीमानी

4. बहु व्रीहि : समास के दोनों पद प्रधान न हो और समस्त पद किसी अन्य शब्द का विशेषण हो तो उसे बहु व्रीहि कहते हैं। (अन्य पदार्थ प्रधान)

पाँच आव (नदियाँ) हैं जहाँ — पंजाब
मीठा बोलने वाला — मिठबोला
पीला अम्बर पहनने वाला — पीताम्बर

वाक्य विचार

65. वाक्य किसे कहते हैं? खण्डवाक्य और वाक्यांश से क्या मतलब है?

भाषा का मूल रूप वाक्य है। वाक्य द्वारा ही मनुष्य अपने विचारों का विनिमय करता है। वाक्य शब्दों का वह समूह है जिससे वक्ता का भाव पूर्ण रूप से प्रकट होता है।

मजदूर काम करता है।

पिताजी ने खिलौना खरीदा।

इन दोनों वाक्यों में वक्ता का पूरा आशय प्रकट हुआ है। इन वाक्यों में कर्ता और क्रिया हैं।

कुछ वाक्य ऐसे होते हैं जिनमें कर्ता और क्रिया तो होते हैं पर वक्ता का पूरा आशय प्रकट नहीं होता। ऐसे वाक्यों को खण्ड वाक्य कहते हैं।

हमने लिखा था कि ....

जब वे वहाँ पहुँचे ....

परस्पर सम्बन्ध रखने वाले शब्दों का समूह वाक्यांश कहलाता है जिससे थोड़ा-सा ही भाव प्रकट होता है। वाक्यांश में कर्ता और क्रिया का बन्धन नहीं है; इसमें केवल एक भावना रहती है।

खाना खाकर — सच ही बोलना

बहुत जल्दी — मन भर

66. पद किसे कहते हैं? शब्द और पद में क्या अन्तर है?

सार्थक ध्वनि-समूह को शब्द कहते हैं। घर, घोड़ा कोई शब्द अपने कारक रूप में (विभक्ति रहित या विभक्ति सहित) वाक्य में प्रयुक्त होता है तो उसे पद कहते हैं। किसी भी शब्द का वाक्य में प्रयोगा रूप ही पद है।

<u>गोपाल स्कूल</u> जा रहा है। (विभक्ति रहित)

<u>गोपाल को स्कूल</u> में जल्दी पहुँचना है। (विभक्ति सहित)

पदबन्ध से क्या मतलब है? उसके कितने भेद हैं?

जो वाक्यांश संज्ञा, सर्वनाम, विशेषण आदि के स्थान पर प्रयुक्त होते हैं उन्हें पदबन्ध कहते हैं। पद बन्ध में कोई पद और उसका विस्तार होता है। पदबंध आठ प्रकार के होते हैं।

1. संज्ञा पदबन्ध – बहुत बड़ा आदमी, भारत के प्रधानमन्त्री।

2. सर्वनाम पदबन्ध – भाग्य का मारा वह, उस भाग्यवान को।

3. विशेषण पदबन्ध – कमल की तरह कोमल, नाली में बहता (पानी)।

4. क्रिया पदबन्ध – देखा नहीं जा सका, खाते रहते थे

5. क्रिया विशेषण पदबन्ध – मद्रास से होकर (आया) बहुत जोर से (चिल्लाया)।

6. सम्बन्धबोधक पदबन्ध – बाहर की ओर, पेड़ के नीचे।

7. समुच्चबोधक पदबन्ध – इसलिए, कि।

8. विस्मयादिबोधक पदबन्ध – बाप रे बाप, बहुत खूब।

67. वाक्य के कितने भेद होते हैं?

वाक्य के मुख्य रूप से दो भाग होते हैं–उद्देश्य (Subject) और विधेय (Predicate)

हर वाक्य में कर्ता और क्रिया का होना अनिवार्य है। क्रिया द्वारा जिसके विषय में विधान किया जाता है उसे उद्देश्य कहते हैं। उद्देश्य के विषय में जो विधान होता है उसे विधेय कहते हैं। उद्देश्य के अन्दर कर्ता और कर्ता का विस्तार होते हैं; विधेय के अन्दर क्रिया और क्रिया विस्तार होते हैं।

'अरब के घोड़े तेज दौड़ते हैं।'

इस वाक्य में 'अरब के घोड़े' उद्देश्य हैं और 'तेज दौड़ते हैं' विधेय हैं।

'अरब के घोड़े' में घोड़े कर्ता है और 'अरब के' कर्ता का विस्तार है, 'तेज दौड़ते हैं' में 'दौड़ते हैं' क्रिया है और 'तेज' क्रिया का विस्तार है।

68. खण्ड वाक्यों के कितने भेद हैं? सोदाहरण समझाइए।

कर्ता और क्रिया के होने पर भी खण्डवाक्य एक पूरे आशय को प्रकट नहीं करता। इसलिए एक खण्डवाक्य के आशय की पूर्ति के लिए दूसरे खण्डवाक्य की आवश्यकता पड़ती है। इस दृष्टि से खण्डवाक्य के दो भेद होते हैं–प्रधान खण्डवाक्य (Principal Clause) और आश्रित खण्डवाक्य (Subordinate Clause)

अध्यापक ने कहा कि कल जरूर पढ़ाई होगी।
वह पुस्तक, जो मेज पर पड़ी है, बहुत कीमती है।

इन वाक्यों में 'अध्यापक ने कहा' और 'वह पुस्तक बहुत कीमती है' प्रधान खण्डवाक्य है। 'कल जरूर पढ़ाई होगी' और 'जो मेज पर पड़ी है', आश्रित खण्डवाक्य है।

69. आश्रित खण्डवाक्यों के प्रकारों को समझाइए।

आश्रित खण्डवाक्य तीन प्रकार के होते हैं –

विशेषण वाक्य (Adjectival Clause)
क्रिया-विशेषण वाक्य (Adverbial Clause)
संज्ञा वाक्य (Noun Clause)

जो आश्रित खण्डवाक्य, प्रधान खण्डवाक्य की किसी संज्ञा के विशेषण के रूप में प्रयुक्त होता है, उसे विशेषण वाक्य कहते हैं।

जो हमेशा अच्छा काम करता है, उसका बड़ा आदर होता है।
उसी कलम से, जो मैंने कल खरीदी थी, मैं लिख रहा हूँ

जो आश्रित खण्डवाक्य किसी क्रिया विशेषण के रूप में प्रयुक्त होता है उसे क्रिया-विशेषण वाक्य कहते हैं।

वह जितना खाता है, उतना हम नहीं खा सकते।
जब वर्षा होती है तब किसान प्रसन्न होते हैं।

जो आश्रित खण्डवाक्य प्रधान खण्डवाक्य की क्रिया के कर्म के स्थान पर प्रयुक्त होता है उसे संज्ञा वाक्य कहते हैं।

मामाजी ने लिखा था कि वे छुट्टी में आ रहे हैं।
हमने सोचा था कि आप जरूर हमारी मदद करेंगे।

70. रचना की दृष्टि से वाक्यों के भेदों को समझाइए।

रचना की दृष्टि से वाक्य के तीन भेद हैं–

1. सरल वाक्य (Simple Sentence)
2. मिश्र वाक्य (Complex Sentence)
3. संयुक्त वाक्य (Compound Sentence)

सरल वाक्य में एक ही उद्देश्य और एक ही विधेय होता है।

उदाहरण–पानी बरसता है।

नौकर चावल लाता है।

मिश्र वाक्य में एक प्रधान खण्डवाक्य और उस पर आश्रित एक या अधिक खण्डवाक्य होते हैं।

उदाहरण–जिसने कभी पुस्तक को हाथ नहीं लगाया वह पास होगा कैसे?

सब आदमियों से कह दो कि आज चलना होगा।

संयुक्त वाक्य में एक से अधिक प्रधान खण्डवाक्य होते हैं। उदाहरण–हमने उसे बहुत समझाया पर उसने नहीं माना।

वह बड़ा घमण्डी है इसलिए मैं उससे नहीं बोलता।

71. अर्थ की दृष्टि से वाक्य कितने प्रकार के होते हैं?

अर्थ के अनुसार वाक्य के आठ प्रकार के होते हैं।

1) विधानार्थक : भारत गणतन्त्र राज्य है।
2) निषेधार्थक : दुराचारी मनुष्य, समाज में आदर नहीं पा सकता।
3) आज्ञार्थक : बराबर काम करते जाओ।
4) प्रश्नार्थक : दुनिया में लोग परस्पर क्यों लड़ते हैं?
5) विस्मयादिबोधक : वाह! लताजी का कण्ठ कितना मीठा है।
6) इच्छा बोधक : भगवान इन्हें सद्बुद्धि दे।
7) संदेह सूचक : संभव है, डॉक्टर आज आ जायें।
8) संकेतार्थक : पानी बरसता तो तालाब भरता।

72. वाक्य रचना में 'क्रम' का विस्तृत परिचय दीजिए।

वाक्य रचना करते समय पदों के क्रम तथा उसके अन्वय पर विशेष ध्यान देना चाहिए। शब्दों को उनके अर्थ की दृष्टि से उचित स्थान पर रखने को क्रम कहते हैं। वाक्य के अर्थ की स्पष्टता के लिए क्रम पर ध्यान देना है। वाक्य में शब्दों के क्रम के विषय में कुछ नियम तो है, लेकिन प्रयोग के अनुसार इस क्रम में परिवर्तन भी हो सकता है। कुछ सामान्य नियम नीचे दिये जाते हैं।

1) वाक्य में पहले कर्ता, फिर कर्म और अन्त में क्रिया होनी चाहिए। द्विकर्मक क्रिया हो तो मुख्य कर्म क्रिया के पास रहता है।

लड़के हिन्दी पढ़ रहे हैं।

अध्यापक लड़कों को हिन्दी पढ़ा रहे हैं।

2) करण, संप्रदान, अपादान और अधिकरण कारक कर्ता और कर्म के नीचे में होते हैं।

हम कलम से पाठ लिखते हैं।

मालिक मजदूर को पैसा देता है।

केशव कारखाने में काम करता है।

3) सम्बन्ध कारक सम्बन्धी शब्द के पहले विशेषण विशेष्य के पहले, और क्रिया-विशेषण क्रिया के पहले रहता है।

गोपाल की बहन कॉलेज में पढ़ती है।

वह पुरानी मेज वहाँ क्यों पड़ी है?

रामू अपनी मोटर तेज़ चलाता है।

4) प्रश्नवाचक शब्द वाक्य के उस शब्द के पहले रखते हैं जिसके सम्बन्ध में प्रश्न किया जाता है।

पंडितजी क्या लिख रहे हैं?

क्या पंडितजी लिख रहे हैं?

5) भी, ही, तो, भर, तक-इन शब्दों के प्रयोग में सावधान रहना चाहिए। इनके स्थान में परिवर्तन हो जाने से वाक्य का अर्थ ही बदल जाता है।

मधु भी कविता लिखता है।

मधु कविता भी लिखता है।

शेखर ही आज भोपाल गया है।

शेखर आज ही भोपाल गया है।

शेखर आज भोपाल ही गया है। आदि

निषेधवाचक शब्द-पूर्वकालिक कृदन्त आदि के सम्बन्ध में ऐसे ही नियम

बताये जा सकते हैं। पर ये नियम स्थायी नहीं हैं। वाक्य के किसी शब्द में बल देने के लिए क्रम बदल दिया जाता है। उसी प्रकार कविता में आवश्यकता के अनुसार क्रम बदल लिया जाता है।

73. 'अन्वय' से क्या मतलब है? विस्तृत परिचय दीजिए?

वाक्य के पदों के बीच लिंग, वचन, पुरुष आदि का जो सम्बन्ध रहता है उसे अन्वय कहते हैं। अन्वय चार प्रकार का होता है।

1) क्रिया का कर्ता और कर्म के साथ अन्वय होता है। जब वाक्य में विभक्ति रहित कर्ता हो तो क्रिया का लिंग, वचन आदि कर्ता के अनुसार होते हैं। वाक्य में विभक्ति सहित कर्ता हो तो क्रिया का अन्वय कर्म के साथ होता है; अगर कर्म भी विभक्ति सहित हो तो क्रिया का पुल्लिंग एकवचन रूप होता है।

2) संज्ञा और सर्वनाम का अन्वय होता है। संज्ञा के जो लिंग-वचन होते हैं वे ही उसके अर्थ को सूचित करने वाले सर्वनामों के भी होते हैं।

3) सम्बन्ध कारक का विभक्ति प्रत्यय उसी लिंग वचन का होता है, जो उसके सम्बन्धी शब्द का होता है।

4) विशेषण और विशेष्य का भी इसी प्रकार का अन्वय होता है।

74. वाक्य-संकोच और वाक्य विस्तार का परिचय दीजिए।

बोलने में या लिखने में लोग भिन्न-भिन्न तरीके अपनाते हैं। कभी एक बात को कम-से-कम शब्दों में प्रस्तुत करना होता है और कभी उसी बात को अत्यधिक विस्तार के साथ प्रस्तुत करना होता है। ऐसा करने में वाक्य का अर्थ बदल न जाये, इस बात का भी ध्यान रखना चाहिए।

अधिक शब्दों के स्थान पर भाव के बदले बिना कम शब्दों का प्रयोग हो तो उसे वाक्य-संकोच कहते हैं। वाक्य-संकोच दो प्रकार का होता है। मिश्र और संयुक्त वाक्यों को सरल वाक्य बनाना और शब्द समूहों के स्थान पर कृदन्त, तद्धितान्त या समस्त शब्द का प्रयोग करना।

1) समाज में उस आदमी का आदर नहीं होता। जिसके पास धन न हो। (मिश्र वाक्य)

समाज में निर्धन मनुष्य का आदर नहीं होता (सरल वाक्य)

2) राधा ने दुकानदार को पैसे दे दिये और साड़ी ले ली। (संयुक्त वाक्य)

राधा ने दुकानदार को पैसे दे कर साड़ी ले ली। (सरल वाक्य)

3) जो आदमी परिश्रम करता है, वह सफल होता है।
परिश्रम करने वाला सफल होता है।
परिश्रमी सफल होता है।

4) जिसे लज्जा न हो उसे डाँटने से क्या फायदा?
निर्लज्ज को डाँटने से क्या फायदा?

5) जो सोने से काम करता है वही उसकी परख कर सकता है।
सुनार ही सोने की परख कर सकता है।

कम-से-कम शब्दों से प्रकाशित अर्थ को अधिक-से-अधिक शब्दों द्वारा व्यक्त करना वाक्य विस्तार है। वाक्य-संकोच का उलटा होता है।

1) सदाचारी सब का आदर पाता है। (सरल वाक्य)
जो अच्छा आचरण करता है वह सबका आदर पाता है। (मिश्र वाक्य)

2) पियक्कड़ खूब पीकर सड़क पर लोट रहा है। (सरल वाक्य)
जिसको पीने की आदत है उसने खूब पिया और अब सड़क पर लोट रहा है। (संयुक्त वाक्य)

3) मन्त्री ने यथाशक्ति राजपुत्र को बचाने का प्रयत्न किया। मन्त्री ने अपनी शक्ति के अनुसार राजा के पुत्र को बचाने का प्रयत्न किया।

75. पद-परिचय से क्या मतलब है? उदाहरण देकर समझाइए।

वाक्यों में प्रयुक्त विभिन्न शब्दों का, व्याकरण-शास्त्र के अनुसार परिचय देना और उनका पारस्परिक सम्बन्ध व्यक्त करना पद-परिचय कहलाता है। संज्ञा, सर्वनाम आदि शब्द भेदों के सविभक्ति रूप पद कहलाते हैं। इनमें से प्रत्येक को अलग-अलग लेकर इनके प्रकार, लिंग, वचन, पुरुष, कारक, काल, अर्थ आदि का परिचय दिया जाता है। उदाहरण के लिए, दो वाक्यों का पद-परिचय दिया जाता है।

1. मेरा सारा जीवन रोटी कमाने में ही बीत गया।

मेरा : पुरुषवाचक सर्वनाम, उत्तम पुरुष, पुल्लिंग एकवचन, सम्बन्ध कारक, सम्बन्धी शब्द 'जीवन।'

सारा : अनिश्चित परिमाणवाचक विशेषण, पुल्लिंग, एकवचन, विशेष्य 'जीवन।'

जीवन : भाववाचक संज्ञा, पुल्लिंग, एकवचन, कर्ता कारक वाक्य का कर्ता।

रोटी : जातिवाचक संज्ञा, स्त्रीलिंग एकवचन, कर्मकारक।

कमाने में : क्रियार्थक संज्ञा, पुल्लिंग, एकवचन, अधिकरण कारक।

ही : क्रिया-विशेषण : अनुबद्ध।

बीत गया : संयुक्त क्रिया, अकर्मक, भूतकाल, सामान्य भूत, पुल्लिंग, एकवचन, कर्तृवाच्य, कर्तरि प्रयोग, निश्चयार्थ वाक्य की क्रिया।

2. देखो, बाहर तुम्हारी छोटी बहन फूट-फूटकर रो रही है।

देखो : सकर्मक क्रिया, विधिरूप, प्रत्यक्ष विधि।

बाहर : क्रिया विशेषण, स्थानवाचक, 'रो रही है' का विशेषण।

तुम्हारी : पुरुषवाचक सर्वनाम, मध्यमपुरुष, स्त्रीलिंग, एकवचन, सम्बन्ध

कारक सम्बन्धी शब्द 'बहन'।

छोटी : गुणवाचक विशेषण, स्त्रीलिंग एकवचन, विशेष्य 'बहन'।

बहन : जातिवाचक संज्ञा, स्त्रीलिंग, एकवचन, कर्ता कारक, वाक्य का कर्ता।

फूट-फूटकर : क्रिया विशेषण, यौगिक क्रियाविशेषण, रीतिवाचक, रो 'रही है' का विशेषण।

रो रही है : अकर्मक क्रिया, वर्तमान काल, तात्कालिक वर्तमान, स्त्रीलिंग, एकवचन, कर्तृवाच्य, कर्तरि प्रयोग, निश्चयार्थ, वाच्य की क्रिया।

कुछ विशेष प्रयोग

76. 'अपना' का प्रयोग समझाइए।

एक ही वाक्य में किसी संज्ञा या सर्वनाम के सम्बन्ध कारक रूप प्रयुक्त नहीं होता। ऐसे स्थानों पर 'अपना' का प्रयोग किया जाता है।

'राम राम की गाड़ी चलाता है।' 'मैं अपने घर जाता हूँ। आदि प्रयोग गलत है। इनके स्थान पर 'राम अपनी गाड़ी चलाता है।' 'मैं अपने घर जाता हूँ।' आदि प्रयोग ही सही हैं।

मलयालम में किसी संज्ञा के बाद उसके सम्बन्ध कारक रूप के स्थान पर 'राम उसकी गाड़ी चलाता है।' का प्रयोग होता है। हिन्दी में यह प्रयोग भी गलत है। हिन्दी में ऐसे प्रयोग के अर्थ ही भिन्न हो जाता है। तुलना करें–

राम अपनी बहिन को प्यार करता है। (राम की)

राम उसकी बहिन को प्यार करता है। (और किसी की)

77. 'वाला' प्रत्यय किन-किन अर्थों में प्रयुक्त होता है?

'वाला' प्रत्यय संज्ञा, क्रिया, अव्यय आदि के साथ भिन्न-भिन्न अर्थों में प्रयुक्त होता है। कुछ नमूने नीचे दिये जाते हैं।

1. गाने वाला, सोने वाला - कार्य का कर्ता (Doer/Actor)
2. गाड़ी निकलने वाली है - आसन्न भविष्य (Immediate future)
3. पानवाला, दूधवाला - बेचनेवाला (Seller)
4. घरवाला, गाड़ी वाला - मालिक (Owner)
5. गाँववाला, बम्बई वाला - निवास स्थान (Resident)
6. बाहरवाला, ऊपर वाला - स्थिति (Position)
7. पाँच रुपये वाली कलम - दाम (Cost) आदि, आदि।

विशेष अर्थभेद

78. 'और' किन-किन अर्थों में प्रयुक्त होता है?

दो शब्दों, वाक्यों या वाक्यांशों को जोड़ने वाला यह समुच्चयबोधक कुछ अन्य अर्थों में भी प्रयुक्त होता है।

उदा. मुझे यह कुरता पसन्द नहीं आया और दिखाओ। (Other)

पेट नहीं भरा, और रोटी दो। (more)

कोई और पुस्तक (Some Other)

कुछ और चावल। (Some more)

79. 'कि' का कितने अर्थों में प्रयोग होता है?

यह भी एक समुच्चय बोधक है जो दो वाक्यों को जोड़ता है।

उदाहरण—चपरासी से पूछो कि बैंक कितने बजे खुलेगा।

किसी काम के तुरन्त बाद कोई अन्य घटना हो जाये तो वहाँ 'कि' का प्रयोग होता है।

उदाहरण—मैं गाड़ी पर बैठा ही था, कि गाड़ी निकल गयी।

कभी-कभी 'अथवा' के अर्थ में 'कि' का प्रयोग होत है।

आपको काफी पसन्द है कि शरबत?

तुम तुरन्त जाओगे कि नहीं?

❑❑

डॉ. एच. परमेश्वरन
राष्ट्रभाषा संस्थान पुत्तन स्ट्रीट,
तिरुवनन्तपुरम् के सहयोग से

www.vaniprakashan.com

ISBN : 978-93-89563-29-0

e
E-book Available

9789389563290

वाणी प्रकाशन

वाणी प्रकाशन का लोगो मक़बूल फ़िदा हुसेन की कूची से
Vani Prakashan's signature motif is created by
Artist Maqbool Fida Husain